O que é o Espiritismo

O que é o

Allan Kardec

O que é o Espiritismo

NOÇÕES ELEMENTARES DO MUNDO INVISÍVEL, PELAS MANIFESTAÇÕES DOS ESPÍRITOS,

COM O

RESUMO DOS PRINCÍPIOS DA DOUTRINA ESPÍRITA E RESPOSTA ÀS PRINCIPAIS OBJEÇÕES QUE PODEM SER APRESENTADAS.

CONTENDO A

BIOGRAFIA DE ALLAN KARDEC

POR

HENRI SAUSSE

FEDERAÇÃO ESPÍRITA BRASILEIRA
Departamento Editorial e Gráfico
Rua Souza Valente, 17
20941-040 – Rio de Janeiro-RJ – Brasil

ISBN 85-7328-431-5

B.N.

1ª edição especial – *Do 1º ao 3º milheiro*

Título do original francês:
QU'EST-CE QUE LE SPIRITISME?
(Paris, julho de 1859)

Tradução de GUILLON RIBEIRO

5,52-AM; 000.3-O; 5/2005

Capa de ALESSANDRO FIGUEREDO

Projeto gráfico: FATIMA AGRA

Departamento Editorial e Gráfico – Rua Souza Valente, 17
20941-040 – Rio de Janeiro, RJ – Brasil
CNPJ nº 33.644.857/0002-84 *I.E. nº 81.600.503*
Pedidos de livros à FEB – Departamento Editorial:
Tel.: (21) 2187-8282, FAX: (21) 2187-8298.

CIP-BRASIL. CATALOGAÇÃO-NA-FONTE
SINDICATO NACIONAL DOS EDITORES DE LIVROS, RJ.

K27o

Kardec, Allan, 1804-1869
O que é o espiritismo: noções elementares do mundo invisível, pelas manifestações dos espíritos, com o resumo dos princípios da Doutrina Espírita e resposta às principais objeções que podem ser apresentadas / Allan Kardec; [tradução de Guillon Ribeiro]. – Rio de Janeiro: Federação Espírita Brasileira, 2005
272p.; 21cm

Tradução de: Qu'est-ce que le Spiritisme?
Conteúdo parcial: Biografia de Allan Kardec / por Henri Sausse
ISBN 85-7328-431-5

1. Kardec, Allan 1804-1869. 2. Espiritismo. I. Federação Espírita Brasileira. II. Título.

05-1438. CDD 133.9
CDU 133.7

09.05.05 11.05.05 010105

Sumário

CAPÍTULO II

CAPÍTULO III

*Biografia de Allan Kardec**

Minhas senhoras, meus senhores:

Muitas pessoas que se interessam pelo Espiritismo manifestam muitas vezes o pesar de não possuírem senão muito imperfeito conhecimento da biografia de Allan Kardec, e de não saberem onde encontrar, sobre aquele a quem chamamos Mestre, as informações que desejariam conhecer. Pois é para honrar Allan Kardec e festejar a sua memória que nos achamos hoje reunidos, e um mesmo sentimento de veneração e de reconhecimento faz vibrar todos os corações. Em respeito ao fundador da filosofia espírita, permiti-me, no intuito de tentar corresponder a tão legítimo desejo, que

---

* Seu verdadeiro nome é **Hippolyte Léon Denizard Rivail**, conforme estudo de autoria de Zêus Wantuil, inserto em *Reformador* de abril de 1963, pp. 95/6, intitulado "Kardec e seu nome civil". — **Nota da Editora**.

vos entretenha alguns momentos com esse Mestre amado, cujos trabalhos são universalmente conhecidos e apreciados, e cuja vida íntima e laboriosa existência são apenas conjeturadas.

Se fácil foi a todos os investigadores conscienciosos inteirarem-se do alto valor e do grande alcance da obra de Allan Kardec pela leitura atenta das suas produções, bem poucos puderam, pela ausência até hoje de elementos para isso, penetrar na vida do homem íntimo e segui-lo passo a passo no desempenho da sua tarefa, tão grande, tão gloriosa e tão bem preenchida.

Não somente a biografia de Allan Kardec é pouco conhecida, senão que ainda está por ser escrita. A inveja e o ciúme semearam sobre ela os mais evidentes erros, as mais grosseiras e as mais impudentes calúnias.

Vou, portanto, esforçar-me por mostrar-vos, com luz mais verdadeira, o grande iniciador de quem nos desvanecemos de ser discípulos.

Todos sabeis que a nossa cidade se pode honrar, a justo título, de ter visto nascer entre seus muros esse pensador tão arrojado quão metódico, esse filósofo sábio, clarividente e profundo, esse trabalhador obstinado cujo labor sacudiu o edifício religioso do Velho Mundo e preparou os novos fundamentos que deveriam servir de base à evolução e à renovação da nossa sociedade caduca, impelindo-a para um ideal mais são, mais elevado, para um adiantamento intelectual e moral seguros.

Foi, com efeito, em Lião, que, a 3 de outubro de 1804, nasceu de antiga família lionesa, com o nome de Rivail, aquele que devia mais tarde ilustrar o nome de Allan Kardec e conquistar para ele tantos títulos à nossa profunda simpatia, ao nosso filial reconhecimento.

Eis aqui a esse respeito um documento positivo e oficial:

"Aos 12 do vindemiário* do ano XIII, auto do nascimento de Denizard Hippolyte-Léon Rivail, nascido ontem às 7 horas da noite, filho de Jean-Baptiste-Antoine Rivail, magistrado, juiz, e Jeanne Duhamel, sua esposa, residentes em Lião, rua Sala nº 76.

"O sexo da criança foi reconhecido como masculino.

"Testemunhas maiores:

"Syriaque-Frédéric Dittmar, diretor do estabelecimento das águas minerais da rua Sala, e Jean-François Targe, mesma rua Sala, à requisição do médico Pierre Radamel, rua Saint-Dominique nº 78.

"Feita a leitura, as testemunhas assinaram, assim como o *Maire* da região do Sul.

"O presidente do Tribunal,

(assinado): *Mathiou.*"

O futuro fundador do Espiritismo recebeu desde o berço um nome querido e respeitado e todo um passado de virtudes, de honra, de probidade; grande número dos seus antepassados se tinham distinguido na advocacia e na magistratura, por seu talento, saber e escrupulosa probidade.

---

* Veja-se *Reformador* de abril de 1947, pág. 85.

Parecia que o jovem Rivail devia sonhar, também ele, com os louros e as glórias da sua família. Assim, porém, não foi, porque, desde o começo da sua juventude, ele se sentiu atraído para as ciências e para a filosofia.

Rivail Denizard fez em Lião os seus primeiros estudos e completou em seguida a sua bagagem escolar, em Yverdun (Suíça), com o célebre professor Pestalozzi, de quem cedo se tornou um dos mais eminentes discípulos, colaborador inteligente e dedicado. Aplicou-se, de todo o coração, à propaganda do sistema de educação que exerceu tão grande influência sobre a reforma dos estudos na França e na Alemanha. Muitíssimas vezes, quando Pestalozzi era chamado pelos governos, um pouco de todos os lados, para fundar institutos semelhantes ao de Yverdun, confiava a Denizard Rivail o encargo de o substituir na direção da sua escola. O discípulo tornado mestre tinha, além de tudo, com os mais legítimos direitos, a capacidade requerida para dar boa conta da tarefa que lhe era confiada. Era bacharel em letras e em ciências e doutor em medicina, tendo feito todos os estudos médicos e defendido brilhantemente sua tese*. Lingüista insigne, conhecia a fundo e falava corretamente o alemão, o inglês, o italiano e o espanhol; conhecia também o holandês, e podia facilmente exprimir-se nesta língua.

Denizard Rivail era um alto e belo rapaz, de maneiras distintas, humor jovial na intimidade, bom e obsequioso. Tendo-o a conscrição incluído para o serviço militar, ele obteve isenção e, dois anos depois, veio fundar em Paris, à rua de Sèvres nº 35, um estabelecimento semelhante ao de

---

* Ver *Reformador* de março de 1958, pág. 67.

Yverdun. Para essa empresa se associara a um dos seus tios, irmão de sua mãe, o qual era seu sócio capitalista.

No mundo das letras e do ensino, que freqüentava em Paris, Denizard Rivail encontrou a senhorita Amélia Boudet, professora com diploma de 1ª classe. Pequena, mas bem proporcionada, gentil e graciosa, rica por seus pais e filha única, inteligente e viva, ela soube por seu sorriso e predicados fazer-se notar pelo Sr. Rivail, em quem adivinhou, sob a franca e comunicativa alegria do homem amável, o pensador sábio e profundo, que aliava grande dignidade à mais esmerada urbanidade.

O registro civil nos informa que:

"Amélie-Gabrielle Boudet, filha de Julien-Louis Boudet, proprietário e antigo tabelião, e de Julie-Louise Seigneat de Lacombe, nasceu em Thiais (Sena), aos 2 do Frimário do ano IV (23 de novembro de 1795)."

A senhorita Amélia Boudet tinha, pois, mais nove anos que o Sr. Rivail, mas na aparência dir-se-ia ter menos dez que ele, quando, em 6 de fevereiro de 1832, se firmou em Paris o contrato de casamento de Hippolyte-Léon-Denizard Rivail, diretor do Instituto Técnico à rua de Sèvres (Método de Pestalozzi), filho de Jean-Baptiste Antoine e senhora, Jeanne Duhamel, residentes em Château-du-Loir, com Amélie-Gabrielle Boudet, filha de Julien-Louis e senhora Julie-Louise Seigneat de Lacombe, residentes em Paris, 35 rua de Sèvres.

O sócio do Sr. Rivail tinha a paixão do jogo; arruinou o sobrinho, perdendo grossas somas em Spa e em Aix-la--Chapelle. O Sr. Rivail requereu a liquidação do Instituto, de cuja partilha couberam 45.000 francos a cada um deles. Essa soma foi colocada pelo Sr. e Sra. Rivail em casa de um dos seus amigos íntimos, negociante, que fez maus negócios e cuja falência nada deixou aos credores.

Longe de desanimar com esse duplo revés, o Sr. e Sra. Rivail lançaram-se corajosamente ao trabalho. Ele encontrou e pôde encarregar-se da contabilidade de três casas, que lhe produziam cerca de 7.000 francos por ano; e, terminado o seu dia, esse trabalhador infatigável escrevia à noite, ao serão, gramáticas, aritméticas, livros para estudos pedagógicos superiores; traduzia obras inglesas e alemãs e preparava todos os cursos de Levy-Alvarès, freqüentados por discípulos de ambos os sexos do *faubourg* Saint-Germain. Organizou também em sua casa, à rua de Sèvres, cursos gratuitos de química, física, astronomia e anatomia comparada, de 1835 a 1840, e que eram muito freqüentados.

Membro de várias sociedades sábias, notadamente da Academia real d'Arras, foi premiado, por concurso, em 1831, pela apresentação da sua notável memória: *Qual o sistema de estudo mais em harmonia com as necessidades da época?*

Dentre as suas numerosas obras convém citar, por ordem cronológica: *Plano apresentado para o melhoramento da instrução pública*, em 1828; em 1829*, segundo o método de Pestalozzi, ele publicou, para uso das mães de família e dos professores, o *Curso prático e teórico de aritmética*; em 1831 fez aparecer a *Gramática francesa clássica*; em

* Houve engano dos biógrafos. Não foi em 1829, mas em 1824. Ver *Reformador* de 1952, págs. 77 e 79. — **Nota da Editora**.

1846 o *Manual dos exames para obtenção dos diplomas de capacidade*, soluções racionais das questões e problemas de aritmética e geometria; em 1848 foi publicado o *Catecismo gramatical da língua francesa*; finalmente, em 1849, encontramos o Sr. Rivail professor no Liceu Polimático, regendo as cadeiras de Fisiologia, Astronomia, Química e Física. Em uma obra muito apreciada resume seus cursos, e depois publica: *Ditados normais dos exames na Municipalidade e na Sorbona*; *Ditados especiais sobre as dificuldades ortográficas*.

Tendo sido essas diversas obras adotadas pela Universidade de França, e vendendo-se abundantemente, pôde o Sr. Rivail conseguir, graças a elas e ao seu assíduo trabalho, uma modesta abastança. Como se pode julgar por esta muito rápida exposição, o Sr. Rivail estava admiravelmente preparado para a rude tarefa que ia ter que desempenhar e fazer triunfar. Seu nome era conhecido e respeitado, seus trabalhos justamente apreciados, muito antes que ele imortalizasse o nome de Allan Kardec.

Prosseguindo em sua carreira pedagógica, o Sr. Rivail poderia viver feliz, honrado e tranqüilo, estando a sua fortuna reconstruída pelo trabalho perseverante e pelo brilhante êxito que lhe havia coroado os esforços; mas a sua missão o chamava a uma tarefa mais onerosa, a uma obra maior, e, como teremos muitas vezes ocasião de o evidenciar, ele sempre se mostrou à altura da missão gloriosa que lhe estava reservada. Seus pendores, suas aspirações, tê-lo-iam impelido para o misticismo, mas a educação, o juízo reto, a observação metódica, conservaram-no igualmente ao abrigo dos entusiasmos desarrazoados e das negações não justificadas.

Foi em 1854 que o Sr. Rivail ouviu pela primeira vez falar nas mesas girantes, a princípio do Sr. Fortier, magnetizador, com o qual mantinha relações, em razão dos seus estudos sobre o Magnetismo. O Sr. Fortier lhe disse um dia: "Eis aqui uma coisa que é bem mais extraordinária: não somente se faz girar uma mesa, magnetizando-a, mas também se pode fazê-la falar. Interroga-se, e ela responde."

— Isso, replicou o Sr. Rivail, é uma outra questão; eu acreditarei quando vir e quando me tiverem provado que uma mesa tem cérebro para pensar, nervos para sentir, e que se pode tornar sonâmbula. Até lá, permita-me que não veja nisso senão uma fábula para provocar o sono.

Tal era a princípio o estado de espírito do Sr. Rivail, tal o encontraremos muitas vezes, não negando coisa alguma por *parti pris*, mas pedindo provas e querendo ver e observar para crer; tais nos devemos mostrar sempre no estudo tão atraente das manifestações do Além.

•

Até agora, não vos falei senão do Sr. Rivail, professor emérito, autor pedagógico de renome. Nessa época, porém, da sua vida, de 1854 a 1856, um novo horizonte se rasga para esse pensador profundo, para esse sagaz observador. Então o nome de Rivail se obumbra, para ceder o lugar ao de Allan Kardec, que a fama levará a todos os cantos do globo, que todos os ecos repetirão e que todos os nossos corações idolatram.

Eis aqui como Allan Kardec nos revela as suas dúvidas, as suas hesitações e também a sua primeira iniciação:

"Eu me encontrava, pois, no ciclo de um fato inexplicado, contrário, na aparência, às leis da Natureza e que minha razão repelia. Nada tinha ainda visto nem observado; as experiências feitas em presença de pessoas honradas e dignas de fé me firmavam na possibilidade do efeito puramente material; mas a idéia, de uma mesa *falante*, não me entrava ainda no cérebro.

"No ano seguinte — era no começo de 1855 — encontrei o Sr. Carlotti, um amigo de há vinte e cinco anos, que discorreu acerca desses fenômenos durante mais de uma hora, com o entusiasmo que ele punha em todas as idéias novas. O Sr. Carlotti era corso de origem, de natureza ardente e enérgica; eu tinha sempre distinguido nele as qualidades que caracterizam uma grande e bela alma, mas desconfiava da sua exaltação. Ele foi o primeiro a falar-me da intervenção dos Espíritos, e contou-me tantas coisas surpreendentes que, longe de me convencerem, aumentaram as minhas dúvidas. — Você um dia será dos nossos — disse-me ele. — Não digo que não, respondi-lhe eu —; veremos isso mais tarde.

"Daí a algum tempo, pelo mês de maio de 1855, estive, em casa da sonâmbula Sra. Roger, com o Sr. Fortier, seu magnetizador. Lá encontrei o Sr. Pâtier e a Sra. Plainemaison, que me falaram desses fenômenos no mesmo sentido que o Sr. Carlotti, mas noutro tom. O Sr. Pâtier era funcionário público, de certa idade, homem muito instruído, de caráter grave, frio e calmo; sua linguagem pausada, isenta de todo entusiasmo, produziu-me viva impressão, e, quando ele me convidou para assistir às experiências que se realizavam em casa da Sra. Plainemaison, rua

Grange-Batelière nº 18, aceitei com solicitude. A entrevista foi marcada para a terça-feira* de maio, às 8 horas da noite.

"Foi aí, pela primeira vez, que testemunhei o fenômeno das mesas girantes, que saltavam e corriam, e isso em condições tais que a dúvida não era possível.

"Aí vi também alguns ensaios muito imperfeitos de escrita mediúnica em uma ardósia com o auxílio de uma cesta. Minhas idéias estavam longe de se haver modificado, mas naquilo havia um fato que devia ter uma causa. Entrevi, sob essas aparentes futilidades e a espécie de divertimento que com esses fenômenos se fazia, alguma coisa de sério e como que a revelação de uma nova lei, que a mim mesmo prometi aprofundar.

"A ocasião se me ofereceu e pude observar mais atentamente do que tinha podido fazer. Em um dos serões da Sra. Plainemaison, fiz conhecimento com a família Baudin, que morava então à rua Rochechouart. O Sr. Baudin fez-me oferecimento no sentido de assistir às sessões hebdomadárias que se efetuavam em sua casa, e às quais eu fui, desde esse momento, muito assíduo.

"Foi aí que fiz os meus primeiros estudos sérios em Espiritismo, menos ainda por efeito de revelações que por observação. Apliquei a essa nova ciência, como até então o tinha feito, o método da experimentação; nunca formulei teorias preconcebidas; observava atentamente, comparava, deduzia as conseqüências; dos efeitos procurava remon-

* Esta data ficou em branco no manuscrito de Allan Kardec. — **Nota do Autor**.

tar às causas pela dedução, pelo encadeamento lógico dos fatos, não admitindo como válida uma explicação, senão quando ela podia resolver todas as dificuldades da questão. Foi assim que sempre procedi em meus trabalhos anteriores, desde a idade de quinze a dezesseis anos. Compreendi, desde o princípio, a gravidade da exploração que ia empreender. Entrevi nesses fenômenos a chave do problema tão obscuro e tão controvertido do passado e do futuro, a solução do que havia procurado toda a minha vida; era, em uma palavra, uma completa revolução nas idéias e nas crenças; preciso, portanto, se fazia agir com circunspeção e não levianamente, ser positivista e não idealista, para me não deixar arrastar pelas ilusões.

"Um dos primeiros resultados das minhas observações foi que os Espíritos, não sendo senão as almas dos homens, não tinham nem a soberana sabedoria, nem a soberana ciência; que o seu saber era limitado ao grau do seu adiantamento, e que a sua opinião não tinha senão o valor de uma opinião pessoal. Esta verdade, reconhecida desde o começo, evitou-me o grave escolho de crer na sua infalibilidade e preservou-me de formular teorias prematuras sobre a opinião de um só ou de alguns.

"Só o fato da comunicação com os Espíritos, o que quer que eles pudessem dizer, provava a existência de um mundo invisível ambiente; era já um ponto capital, um imenso campo franqueado às nossas explorações, a chave de uma multidão de fenômenos inexplicados. O segundo ponto, não menos importante, era conhecer o estado desse mundo e seus costumes, se assim nos podemos exprimir. Cedo, observei que cada Espírito, em razão de sua posição pessoal e de seus conhecimentos, desvendava-me uma fase desse mundo, exatamente como se chega a conhecer o estado de um país interrogando os habitantes de todas as classes e condições, podendo cada qual nos ensinar alguma coisa e nenhum deles podendo, individualmente, ensinar-nos tudo. Cumpre ao observador formar o conjunto, com o auxílio dos documentos recolhidos de diferentes lados, colecionados, coordenados e confrontados entre si. Eu, pois, agi com os Espíritos como o teria feito com os homens: eles foram, para mim, desde o menor até o mais elevado, meios de colher informações e não *reveladores predestinados*."

A estas informações, colhidas nas *Obras Póstumas* de Allan Kardec, convém acrescentar que a princípio o Sr. Rivail, longe de ser um entusiasta dessas manifestações e absorvido por outras preocupações, esteve a ponto de as abandonar, o que talvez tivesse feito se não fossem as instantes solicitações dos Srs. Carlotti, René Taillandier, membro da Academia das Ciências, Tiedeman-Manthèse, Sardou, pai e filho, e Didier, editor, que acompanhavam havia cinco anos o estudo desses fenômenos e tinham reunido *cinqüenta cadernos de comunicações diversas*, que não conseguiam pôr em ordem. Conhecendo as vastas e raras aptidões de síntese do Sr. Rivail, esses senhores lhe enviaram os cadernos, pedindo-lhe que deles tomasse conhecimento e os pusesse em termos —, os arranjasse. Este trabalho era árduo e exigia muito tempo, em virtude das lacunas e obscuridades dessas comunicações; e o sábio enciclopedista recusava-se a essa tarefa enfadonha e absorvente, em razão de outros trabalhos.

Uma noite, seu Espírito protetor, Z., deu-lhe, por um médium, uma comunicação toda pessoal, na qual lhe dizia, entre outras coisas, tê-lo conhecido em uma precedente existência, quando, ao tempo dos Druidas, viviam juntos nas Gálias. Ele se chamava, então, Allan Kardec, e, como a amizade que lhe havia votado só fazia aumentar, prometia-lhe esse Espírito secundá-lo na tarefa muito importante a que ele era chamado, e que facilmente levaria a termo.

O Sr. Rivail, pois, lançou-se à obra: tomou os cadernos, anotou-os com cuidado. Após atenta leitura, suprimiu as repetições e pôs na respectiva ordem cada ditado, cada relatório de sessão; assinalou as lacunas a preencher, as obscuridades a aclarar, e preparou as perguntas necessárias para chegar a esse resultado.

"Até então, diz ele próprio, as sessões em casa do Sr. Baudin não tinham nenhum fim determinado; propus-me, aí, fazer resolver os problemas que me interessavam sob o ponto de vista da filosofia, da psicologia e da natureza do mundo invisível. Comparecia a cada sessão com uma série de questões preparadas e metodicamente dispostas: eram respondidas com precisão, profundeza e de modo lógico. Desde esse momento as reuniões tiveram caráter muito diferente, e, entre os assistentes, encontravam-se pessoas sérias que tomaram vivo interesse pelo trabalho. Se me acontecia faltar, ficavam as sessões como que tolhidas, tendo as questões fúteis perdido o atrativo para o maior número. A princípio eu não tinha em vista senão a minha própria instrução; mais tarde, quando vi que tudo aquilo formava um conjunto e tomava as proporções de uma doutrina, tive o pensamento de o publicar, para instrução de todos. Foram essas mesmas questões que, sucessivamente desenvolvidas e completadas, fizeram a base de *O Livro dos Espíritos*."

Em 1856, o Sr. Rivail freqüentou as reuniões espíritas que se realizavam à rua Tiquetone, em casa do Sr. Roustan, com Mlle. Japhet, sonâmbula, que obtinha como médium comunicações muito interessantes, com o auxílio da cesta aguçada*; fez examinar por esse médium as comunicações obtidas e postas precedentemente em ordem. Esse trabalho foi efetuado, a princípio, nas sessões ordinárias; mas a pedido dos Espíritos, e para que fosse consagrado mais cuidado, mais atenção a esse exame, foi continuado em sessões particulares.

"Não me contentei com essa verificação, diz ainda Allan Kardec, que os Espíritos me haviam recomendado. Tendo-me as circunstâncias posto em relação com outros médiuns, toda vez que se oferecia ocasião, eu a aproveitava para propor algumas das questões que me pareciam mais melindrosas. Foi assim que mais de dez médiuns prestaram seu concurso a esse trabalho. E foi da comparação e da fusão de todas essas respostas, coordenadas, classificadas e muitas vezes refeitas no silêncio da meditação, que formei a primeira edição de *O Livro dos Espíritos*, a qual apareceu em 18 de abril de 1857."

Esse livro era em formato grande, in-4, em duas colunas, uma para as perguntas e outra, em frente, para as respostas. No momento de publicá-lo, o autor ficou muito embaraçado em resolver como o assinaria, se com o seu nome — Denizard-Hippolyte-Léon Rivail, ou com um pseudônimo. Sendo o seu nome muito conhecido do mundo científico, em virtude dos seus trabalhos anteriores, e podendo

* Arranjada em forma de bico. — **Nota do Tradutor**.

originar uma confusão, talvez mesmo prejudicar o êxito do empreendimento, ele adotou o alvitre de o assinar com o nome de Allan Kardec que, segundo lhe revelara o guia, ele tivera ao tempo dos Druidas.

A obra alcançou tal êxito que a primeira edição foi logo esgotada. Allan Kardec reeditou-a em 1858* sob a forma atual in-12, revista, correta e consideravelmente aumentada.

No dia 25 de março de 1856 estava Allan Kardec em seu gabinete de trabalho, em via de compulsar as comunicações e preparar *O Livro dos Espíritos*, quando ouviu ressoarem pancadas repetidas no tabique; procurou, sem descobrir, a causa disso, e em seguida tornou a pôr mãos à obra. Sua mulher, entrando cerca das dez horas, ouviu os mesmos ruídos; procuraram, mas sem resultado, de onde podiam eles provir. Moravam, então, à rua dos Mártires nº 8, no segundo andar, ao fundo.

"No dia seguinte, sendo dia de sessões em casa do Sr. Baudin, escreve Allan Kardec, contei o fato e pedi a explicação dele.

Pergunta: — Ouvistes o fato que acabo de narrar; podereis dizer-me a causa dessas pancadas que se fizeram ouvir com tanta insistência?

Resposta: — Era o teu Espírito familiar.

P. — Com que fim, vinha ele bater assim?

R. — Queria comunicar-se contigo.

---

* A 2ª edição foi impressa em 1860, e não 1858. — **Nota da Editora (FEB)**.

P. — Podereis dizer-me o que queria ele?

R. — Podes perguntar a ele mesmo, porque está aqui.

P. — Meu Espírito familiar, quem quer que sejais, agradeço-vos terdes vindo visitar-me. Quereis ter a bondade de dizer-me quem sois?

R. — Para ti chamar-me-ei a *Verdade*, e todos os meses, durante um quarto de hora, estarei aqui, à tua disposição.

P. — Ontem, quando batestes, enquanto eu trabalhava, tínheis alguma coisa de particular a dizer-me?

R. — O que eu tinha a dizer-te era sobre o trabalho que fazias; o que escrevias me desagradava e eu queria fazer-te parar.

NOTA — O que eu escrevia era precisamente relativo aos estudos que fazia sobre os Espíritos e suas manifestações.

P. — A vossa desaprovação versava sobre o capítulo que eu escrevia, ou sobre o conjunto do trabalho?

R. — Sobre o capítulo de ontem: faço-te juiz dele. Torna a lê-lo esta noite; reconhecer-lhe-ás os erros e os corrigirás.

P. — Eu mesmo não estava muito satisfeito com esse capítulo e o refiz hoje. Está melhor?

R. — Está melhor, mas não muito bom. Lê da terceira à trigésima linha e reconhecerás um grave erro.

P. — Rasguei o que tinha feito ontem.

R. — Não importa. Essa inutilização não impede que subsista o erro. Relê e verás.

P. — O nome de *Verdade* que tomais é uma alusão à verdade que procuro?

R. — Talvez, ou, pelo menos, é um guia que te há de auxiliar e proteger.

P. — Posso evocar-vos em minha casa?

R. — Sim, para que eu te assista pelo pensamento; mas, quanto a respostas escritas em tua casa, não será tão cedo que as poderás obter.

P. — Podereis vir mais freqüentemente que todos os meses?

R. — Sim; mas não prometo senão uma vez por mês, até nova ordem.

P. — Animastes alguma personagem conhecida na Terra?

R. — Disse-te que para ti eu era a Verdade, o que da tua parte devia importar discrição; não saberás mais que isto."

De volta a casa, Allan Kardec apressou-se a reler o que escrevera e pôde verificar o grave erro que com efeito havia cometido. A dilação de um mês, fixada para cada comunicação do Espírito Verdade, raramente foi observada.

Ele se manifestou freqüentemente a Allan Kardec, mas não em sua casa, onde durante cerca de um ano não pôde este receber nenhuma comunicação por médium algum e, cada vez que ele esperava obter alguma coisa, era obstado por uma causa qualquer e imprevista, que a isso se vinha opor.

Foi a 30 de abril de 1856, em casa do Sr. Roustan, pela médium Mlle. Japhet, que Allan Kardec recebeu a primeira revelação da missão que tinha a desempenhar. Esse aviso, a princípio muito vago, foi precisado no dia 12 de junho de 1856, por intermédio de Mlle. Aline C., médium. A 6 de maio de 1857, a Sra. Cardone, pela inspeção das linhas da mão de Allan Kardec, confirmou as duas comunicações precedentes, que ela ignorava. Finalmente, a 12 de abril de 1860, em casa do Sr. Dehan, sendo intermediário o Sr. Croset, médium, essa missão foi novamente confirmada em uma comunicação espontânea, obtida na ausência de Allan Kardec.

Assim, também, se deu a respeito do seu pseudônimo. Numerosas comunicações, procedentes dos mais diversos pontos, vieram reafirmar e corroborar a primeira comunicação obtida a esse respeito.

Urgido pelos acontecimentos e pelos documentos que tinha em seu poder, Allan Kardec formara, em razão do êxito de *O Livro dos Espíritos*, o projeto de criar um jornal espírita. Havia-se dirigido ao Sr. Tiedeman, para solicitar-lhe o concurso pecuniário, mas este não estava resolvido a tomar parte nessa empresa. Allan Kardec perguntou aos seus guias, no dia 15 de novembro de 1857, por intermédio da Srta. E. Dufaux, o que deveria fazer. Foi-lhe respondido que pusesse a sua idéia em execução e que não se inquietasse com o resto.

"Apressei-me em redigir o primeiro número, diz Allan Kardec, e o fiz aparecer no dia 1º de janeiro de 1858, sem nada dizer a pessoa alguma. Não tinha um único assinante, nem sócio capitalista. Fi-lo, pois, inteiramente por minha conta e risco, e não tive de que me arrepender, porque o êxito ultrapassou a minha expectativa. A partir de 1º de janeiro, os números se sucederam sem interrupção, e, como o previra o Espírito, esse jornal se me tornou em poderoso auxiliar. Reconheci, mais tarde, que era uma felicidade para mim não ter tido um sócio capitalista, porque estava mais livre, enquanto que um estranho interessado teria pretendido impor-me as suas idéias e a sua vontade e poderia embaraçar-me a marcha. Só, eu não tinha que prestar contas a ninguém, por mais onerosa que, como trabalho, fosse a minha tarefa."

E essa tarefa devia ir sempre crescendo em labor e em responsabilidades, em lutas incessantes contra obstáculos, emboscadas, perigos de toda sorte. À medida, porém, que a lide se tornava mais áspera, esse enérgico trabalhador se elevava, também, à altura dos acontecimentos, que nunca o surpreenderam; e durante onze anos, nessa *Revista Espírita*, que acabamos de ver como começou tão modestamente, ele afrontou todas as tempestades, todas as emulações, todos os ciúmes que não lhe foram poupados, como ele mesmo relata e como lhe fora anunciado ao ser-lhe revelada a sua missão. Essa comunicação e as reflexões de que as anotou Allan Kardec nos mostram, sob um prisma pouco lisonjeiro, a situação naquela época, mas fazem também ressaltar o grande valor do fundador do Espiritismo e o seu mérito em ter sabido triunfar:

Médium, Mlle. Aline C. — 12 de junho de 1856:

P. — Quais são as causas que me poderiam fazer fracassar? Seria a insuficiência das minhas aptidões?

R. — Não; mas a missão dos reformadores é cheia de escolhos e perigos; a tua é rude; previno-te, porque é ao mundo inteiro que se trata de agitar e de transformar. Não creias que te seja suficiente publicar um livro, dois livros, dez livros, e ficares tranqüilamente em tua casa; não, é preciso te mostrares no conflito; contra ti se açularão terríveis ódios, implacáveis inimigos tramarão a tua perda; estarás exposto à calúnia, à traição, mesmo daqueles que te parecerão mais dedicados; as tuas melhores instruções serão impugnadas e desnaturadas; sucumbirás mais de uma vez ao peso da fadiga; em uma palavra, é uma luta quase constante que terás de sustentar com o sacrifício do teu repouso, da tua tranqüilidade, da tua saúde e mesmo da tua vida, porque tu não viverás muito tempo. Pois bem. Mais de um recua quando, em lugar de uma vereda florida, não encontra sob seus passos senão espinhos, agudas pedras e serpentes. Para tais missões não basta a inteligência. É preciso antes de tudo, para agradar a Deus, humildade, modéstia, desinteresse, porque abatem os orgulhosos e os presunçosos. Para lutar contra os homens, é necessário coragem, perseverança e firmeza inquebrantáveis; é preciso, também, ter prudência e tato para conduzir as coisas a propósito e não comprometer-lhes o êxito por medidas ou palavras intempestivas; é preciso, enfim, devotamento, abnegação, e estar pronto para todos os sacrifícios.

"Vês que a tua missão está subordinada a condições que dependem de ti.

Espírito Verdade."

NOTA – (É Allan Kardec que assim se exprime): "Escrevo esta nota no dia 1º de janeiro de 1867, dez anos e meio depois que esta comunicação me foi dada, e verifico que ela se realizou em todos os pontos, porque experimentei todas as vicissitudes que nela me foram anunciadas. Tenho sido alvo do ódio de implacáveis inimigos, da injúria, da calúnia, da inveja e do ciúme; têm sido publicados contra mim infames libelos; as minhas melhores instruções têm sido desnaturadas; tenho sido traído por aqueles em quem depositara confiança, e pago com a ingratidão por aqueles a quem tinha prestado serviços. A Sociedade de Paris tem sido um contínuo foco de intrigas, urdidas por aqueles que se diziam a meu favor, e que, mostrando-se amáveis em minha presença, me detratavam na ausência. Disseram que aqueles que adotavam o meu partido eram assalariados por mim com o dinheiro que eu arrecadava do Espiritismo. Não mais tenho conhecido o repouso; mais de uma vez, sucumbi; sob o excesso do trabalho, tem-se-me alterado a saúde e comprometido a vida.

"Entretanto, graças à proteção e à assistência dos bons Espíritos, que sem cessar me têm dado provas manifestas de sua solicitude, sou feliz em reconhecer que não tenho experimentado um único instante de desfalecimento nem de desânimo, e que tenho constantemente prosseguido na minha tarefa com o mesmo ardor, sem me preocupar com a malevolência de que era alvo. Segundo a comunicação do Espírito Verdade, eu devia contar com tudo isso, e tudo se verificou."

•

Quando se conhecem todas essas lutas, todas as torpezas de que Allan Kardec foi alvo, quanto ele se engrandece aos nossos olhos e como o seu brilhante triunfo adquire mérito e esplendor! Que se tornaram esses invejosos, esses pigmeus que procuravam obstruir-lhe o caminho? Na maior parte são desconhecidos os seus nomes, ou nenhuma recordação despertam mais: o esquecimento os retomou e sepultou para sempre em suas sombras, enquanto que o de Allan Kardec, o intrépido lutador, o pioneiro ousado, passará à posteridade com a sua auréola de glória tão legitimamente adquirida.

A Sociedade Parisiense de Estudos Espíritas foi fundada a 1º de abril de 1858. Até então, as reuniões se realizavam em casa de Allan Kardec, à rua dos Mártires, com Mlle. E. Dufaux, como principal médium; o seu salão poderia conter de quinze a vinte pessoas. Cedo, aí reuniu ele mais de trinta. Tornando-se, então, esse local muito acanhado e não querendo onerar Allan Kardec com todos os encargos, alguns dos assistentes se propuseram formar uma sociedade espírita e alugar um outro local em que se efetuassem as reuniões. Mas era preciso, para se poderem reunir, obter o reconhecimento e a autorização da Polícia. O Sr. Dufaux, que conhecia pessoalmente o prefeito de polícia de então, encarregou-se de dar os passos para esse fim, e, graças ao ministro do Interior, o general X., que era favorável às novas idéias, a autorização foi obtida em quinze dias, enquanto que pelo processo ordinário teria exigido meses, sem grande probabilidade de êxito.

"A Sociedade foi, então, regularmente constituída e reunia-se todas as terças-feiras, no local que fora alugado no Palais-Royal, galeria Valois. Aí ficou durante um ano, de 1º de abril de 1858 a 1º de abril de 1859. Não podendo lá permanecer por mais tempo, reunia-se todas as sextas-feiras em um dos salões do restaurante Douix, no Palais-Royal, galeria Montpensier, de 1º de abril de 1859 a 1º de abril de 1860, época em que se instalou em sede própria, à rua e passagem Sant'Ana nº 59."

Depois de haver dado conta das condições em que se formou a Sociedade e da tarefa que teve a desempenhar, Allan Kardec assim se exprime (*Revista Espírita*, 1859, pág. 169.):

"Empreguei em minhas funções, que posso dizer laboriosas, toda a solicitude e toda a dedicação de que era capaz; do ponto de vista administrativo, esforcei-me por manter nas sessões uma ordem rigorosa e por imprimir-lhe um caráter de gravidade, sem o qual o prestígio de assembléia séria teria cedo desaparecido. Agora, que a minha tarefa está terminada e que o impulso está dado, devo inteirar-vos da resolução que tomei, de renunciar de futuro a toda espécie de função na Sociedade, mesmo a de diretor dos estudos; não ambiciono senão um título — o de simples membro titular, com que me sentirei sempre feliz e honrado. O motivo da minha determinação está na multiplicidade dos meus trabalhos, que aumentam todos os dias, pela extensão das minhas relações; porque, além daqueles que conheceis, preparo outros trabalhos mais consideráveis, que exigem longos e laboriosos estudos e não absorverão menos de dez anos; ora, os trabalhos da Sociedade não deixam de tomar muito tempo, quer para o preparo, quer para a coordenação e a passagem a limpo. Reclamam assiduidade muitas vezes prejudicial às minhas ocupações pessoais, pois que se torna indispensável a iniciativa quase exclusiva que me tendes deixado. É a esse motivo, meus senhores, que eu devo o ter tantas vezes tomado a palavra, lamentando com freqüência que os membros eminentemente esclarecidos que possuímos nos privassem das suas luzes. Desde muito tempo alimentava o desejo de demitir-me das minhas funções: manifestei-o de modo muito explícito em diversas ocasiões, quer aqui, quer em particular a muitos dos meus colegas, e especialmente ao Sr. Ledoyen. Tê-lo-ia feito mais cedo, se não fora o temor de produzir uma perturbação na Sociedade. Retirando-me no meado do ano, poderiam acreditar em uma deserção, e era preciso não dar esse prazer aos nossos adversários. Desempenhei, portanto, a minha tarefa até ao fim; hoje, porém, que esses motivos cessaram, apresso-me em vos dar parte da minha resolução, para não embaraçar a escolha que fareis. É justo que cada um tenha a sua parte nos encargos e nas honras."

Apressemo-nos a acrescentar que essa demissão não foi aceita e que Allan Kardec foi reeleito por unanimidade, menos um voto e uma cédula em branco. Diante desse testemunho de simpatia, ele se submeteu e se conservou em suas funções.

Em setembro de 1860, Allan Kardec fez uma viagem de propaganda à nossa região, e eis aqui como a ela fez referência na Sociedade Parisiense de Estudos Espíritas:

"O Sr. Allan Kardec dá conta do resultado da viagem que acaba de fazer, no interesse do Espiritismo, e felicita-se pela cordialidade do acolhimento que por toda parte encontrou, especialmente em Sens, Mâcon, Lião e Saint-Etienne. Observou, em todo lugar em que se demorou, os progressos consideráveis da doutrina; mas o que sobretudo é digno de nota, é que em parte alguma viu que dela se fizesse um divertimento, mas, que, ao contrário, dela se ocupam de modo sério, e que por toda parte lhe compreendem o alcance e as conseqüências futuras. Há, sem dúvida, muitos adversários, sendo os mais encarniçados os inimigos interessados, mas os motejadores diminuem sensivelmente; vendo que os seus sarcasmos não colocam do seu lado os gracejadores, e que auxiliam mais do que impedem o progresso das novas crenças, começam a compreender que nada ganham com isso e que consomem o seu espírito em pura perda, e assim se calam. Uma frase muito característica parece ser em toda parte a ordem do dia, e é esta: *o Espiritismo está no ar*; só por si desenha ela o estado das coisas. Mas, é sobretudo em Lião que são mais notáveis os resultados. Os espíritas são, aí, numerosos em todas as classes, e na classe operária contam-se por centenas. A Doutrina Espírita tem exercido sobre os operários a mais salutar influência, sob o ponto de vista da ordem, da moral e das idéias religiosas; em resumo, a propagação do Espiritismo marcha com a mais animadora celeridade."

No decurso dessa viagem, Allan Kardec pronunciou um discurso magistral, no banquete realizado a 19 de setembro de 1860, do qual eis aqui algumas passagens, próprias a nos interessar, a nós que aspiramos a substituir dignamente esses trabalhadores da primeira hora:

"A primeira coisa que me impressionou foi o número de adeptos; eu sabia perfeitamente que Lião os contava em grande escala, mas estava longe de imaginar que o número fosse tão considerável, porque é por centenas que eles se contam, e, em pouco tempo — eu o espero —, já se não poderão contar mais.

"Se, porém, Lião se distingue pelo número, não o faz menos pela qualidade, o que ainda vale mais. Por toda parte não encontrei senão espíritas sinceros, compreendendo a doutrina sob seu verdadeiro ponto de vista. Há, meus senhores, três categorias de adeptos: uns que se limitam a crer na realidade das manifestações e que procuram, antes de tudo, os fenômenos; o Espiritismo é simplesmente para eles uma série de fatos mais ou menos interessantes. Os segundos vêem outra coisa nele além dos fatos, compreendem o seu alcance filosófico, admiram a moral que deles decorre, mas não a praticam; para eles, a caridade cristã é uma bela máxima, e nada mais. Os terceiros, finalmente, não se contentam de admirar a moral: praticam-na e aceitam-lhe as conseqüências. Bem convencidos de que a existência terrestre é uma prova passageira, esforçam-se por aproveitar esses curtos instantes, para marchar na senda do progresso que lhes traçam os Espíritos, empenhando-se em fazer o bem e em reprimir as suas más inclinações; as suas relações são sempre seguras, porque as suas convicções os afastam de todo pensamento do mal; a caridade é, em toda ocasião, a regra da sua conduta: são esses os *verdadeiros espíritas*, ou, melhor, os *espíritas-cristãos*.

"Pois bem, meus senhores, eu vo-lo digo com satisfação: ainda não encontrei, aí, nenhum adepto da primeira categoria; em parte alguma vi que se ocupassem do Espiritismo por mera curiosidade, com frívolos intuitos; por toda parte o fim é grave, as intenções são sérias; e, a crer no que me dizem, há muitos da terceira categoria. Honra, pois, aos espíritas lioneses, por terem, assim, entrado largamente nessa senda progressista, sem a qual o Espiritismo não teria objetivo. Este exemplo não será perdido, terá suas conseqüências, e não é sem razão — eu o vejo — que os Espíritos me responderam noutro dia, por um dos vossos médiuns mais dedicados, posto que dos mais obscuros, quando eu lhes exprimia a minha surpresa: 'Por que te admiras disso? Lião foi a cidade dos mártires; a fé aí é vivaz; ela fornecerá apóstolos ao Espiritismo. Se Paris é a cabeça, Lião será o coração'."

Essa opinião de Allan Kardec, sobre os espíritas lioneses de sua época, é para nós uma grande honra, mas deve ser também uma regra de conduta. Devemos esforçar-nos por merecer esses elogios, aprofundando por nossa vez as lições do mestre e, sobretudo, conformando com elas o nosso proceder. *Noblesse oblige*, diz um adágio; saibamo-nos recordar sempre disso e conservar alto e firme o estandarte do Espiritismo.

Mas, Allan Kardec não se contentava em atirar flores sobre nossos companheiros; dava-lhes, sobretudo, sábios conselhos, sobre os quais, por nossa vez, deveremos meditar.

"Vindo dos Espíritos o ensino, os diferentes grupos, tanto como os indivíduos, se acham sob a influência de certos Espíritos que presidem aos seus trabalhos, ou os dirigem moralmente. Se esses Espíritos não se acham de acordo, a questão está em saber qual é o que merece maior confiança; será, evidentemente, aquele cuja teoria não pode provocar nenhuma objeção séria, em uma palavra, aquele que, em todos os pontos, dá maior número de provas de superioridade. Se tudo nesse ensino é bom, racional, pouco importa o nome que toma o Espírito; e a esse respeito a questão de identidade é inteiramente secundária. Se, sob um nome respeitável, o ensino peca pelas qualidades essenciais, podeis imediatamente concluir que é um nome apócrifo e que é um Espírito impostor ou galhofeiro. Regra geral: o nome nunca é uma garantia; a única, a verdadeira garantia de superioridade é o pensamento e a maneira por que é ele expresso. Os Espíritos enganadores tudo podem imitar, tudo, exceto o verdadeiro saber e o verdadeiro sentimento.

"Acontece muitas vezes que, para fazer adotar certas utopias, alguns Espíritos fazem alarde de um falso saber e pensam impô-las, escolhendo no arsenal das palavras técnicas tudo o que pode fascinar aquele que é facilmente crédulo. Eles têm, ainda, um meio mais certo: é afetar as exterioridades da virtude; com o auxílio das grandes palavras — caridade, fraternidade, humildade — esperam fazer passar os mais grosseiros absurdos e é o que acontece muitas vezes, quando se não está precavido. É preciso, pois, evitar o deixar-se seduzir pelas aparências, tanto da parte dos Espíritos, quanto da dos homens; ora, eu o confesso, aí está uma das maiores dificuldades; mas, nunca se disse que o Espiritismo fosse uma ciência fácil; tem seus escolhos que se não podem evitar senão pela experiência. Para escapar à cilada, é preciso, antes de tudo, fugir ao entusiasmo que cega, ao orgulho que leva certos médiuns a acreditarem-se os únicos intérpretes da verdade; é preciso que tudo seja friamente examinado, maduramente pesado, confrontado, e, se desconfiamos do próprio julgamento, o que é muitas vezes mais prudente, é preciso recorrer a outras pessoas, segundo o provérbio: que quatro olhos vêem melhor do que dois. Só um falso amor-próprio ou uma obsessão podem fazer persistir em uma idéia notoriamente falsa e que o bom-senso de cada um repele."

Eis os conselhos tão sábios e tão práticos dados por aquele que quiseram fazer passar por um entusiasta, um místico, um alucinado; e essa regra de conduta, estabelecida no começo, ainda não foi invalidada, nem pela observação, nem pelos acontecimentos; é sempre a vereda mais segura, mais prudente, a única a seguir por aqueles que se querem ocupar do Espiritismo.

Allan Kardec trabalhava, então, em *O Livro dos Médiuns*, que apareceu na primeira quinzena de janeiro de 1861, editado pelos Srs. Didier & Cia., livreiros-editores. O mestre expõe a sua razão de ser nos seguintes termos, na *Revista Espírita*:

"Procuramos neste trabalho, fruto de longa experiência e de laboriosos estudos, esclarecer todas as questões que se prendem à prática das manifestações; ele contém, de acordo com os Espíritos, a explicação teórica dos diversos fenômenos e condições em que êles se podem produzir; mas a parte concernente ao desenvolvimento e ao exercício da mediunidade foi, sobretudo, de nossa parte, objeto de atenção toda especial.

"O Espiritismo experimental está cercado de muito mais dificuldades do que se acredita geralmente, e os escolhos, que aí se encontram, são numerosos; é o que produz tanta decepção aos que dele se ocupam sem ter a experiência e os conhecimentos necessários. O nosso fim foi acautelar os investigadores contra tais dificuldades, nem sempre isentas de inconveniente para quem quer que se aventure, com imprudência, por esse novo terreno. Não podíamos desprezar um ponto tão capital, e o tratamos com cuidado igual à sua importância."

O Livro dos Médiuns é, ainda, o *vade-mécum* de quantos se querem entregar com proveito à prática do Espiritismo experimental; nada apareceu de melhor nem de mais completo nessa ordem de idéias. É ainda o mais seguro guia de que nos podemos servir para explorar, sem perigo, o terreno da mediunidade.

•

No ano de 1861, Allan Kardec fez uma nova viagem espírita a Sens, Mácon e Lião, e verificou que em nossa cidade o Espiritismo atingira a maioridade.

"Com efeito, não é mais por centenas, diz ele, que aí se contam os espíritas, como há um ano; é por milhares, ou, para melhor dizer, já se não contam, e pode-se calcular que, seguindo a mesma progressão, dentro de um ano ou dois eles serão mais de trinta mil. O Espiritismo, aí, tem feito adeptos em todas as classes, mas é sobretudo na classe operária que se tem propagado com maior rapidez, e isso não é de admirar: sendo essa classe a que mais sofre, volta-se para o lado que lhe oferece maior consolação. Se aqueles que clamam contra o Espiritismo lhe oferecessem outro tanto, essa classe se voltaria para eles; mas, ao contrário, querem tirar-lhe exatamente aquilo que a ajuda a carregar o seu fardo de miséria. E isto tem sido o meio mais seguro de perderem as suas simpatias e fazê-la engrossar as nossas fileiras. O que vimos com os nossos próprios olhos é de tal modo característico e encerra ensino tão grande, que acreditamos dever consagrar aos operários a maior parte do nosso relatório.

"No ano passado, só havia um único centro de reunião, o dos Brotteaux, dirigido por Dijoux, chefe de oficina, e sua mulher; depois, formaram-se outros em diferentes pontos da cidade: em Guillotière, em Perrache, em Croix-Rousse, em Vaise, em Saint-Just, etc., sem contar grande número de reuniões particulares. Então, havia apenas dois ou três médiuns neófitos; hoje os há em todos os grupos e muitos são de primeira ordem; em um só grupo vimos cinco escreverem simultaneamente. Vimos, igualmente, um rapaz muito bom médium vidente, no qual pudemos verificar essa faculdade desenvolvida no mais alto grau.

"Sem dúvida, muito é para desejar que se multipliquem os adeptos, mas o que mais vale ainda do que o número é a qualidade. Pois bem, declaramo-lo bem alto: não vimos, em parte alguma, reuniões espíritas mais edificantes do que as dos operários lioneses, quanto à ordem, ao recolhimento e à atenção que prestam às instruções dos seus guias espirituais; há homens, velhos, senhoras, jovens, crianças mesmo, cuja atitude respeitosa contrasta com a sua idade; jamais uma única criança perturbou por instantes o silêncio das nossas reuniões, muitas vezes longas; pareciam quase tão ávidas quanto seus pais, em recolher as nossas palavras.

"Mas, isto não é tudo: o número das metamorfoses morais é, entre os operários, quase tão grande quanto o dos adeptos: hábitos viciosos reformados, paixões acalmadas, ódios apaziguados, lares tornados tranqüilos, em uma palavra, as mais legítimas virtudes cristãs desenvolvidas, e isso pela confiança, de agora em diante inabalável, que lhes dão as comunicações espíritas, no futuro em que não acreditavam; é uma felicidade para eles assistirem a essas instruções, de que saem reconfortados contra a adversidade; muitos chegam a galgar mais de uma légua, sob qualquer tempo, inverno ou verão, tudo arrostando para não faltarem a uma sessão; é que neles não há a fé vulgar, mas a baseada sobre uma convicção profunda, raciocinada e não, cega."

Por ocasião dessa viagem, um banquete novamente reuniu sob a presidência de Allan Kardec os membros da grande família espírita lionesa. No dia 19 de setembro de 1860 os convivas eram apenas uns trinta; a 19 de setembro de 1861 o número era de cento e sessenta, "representando os diferentes grupos, que se consideram todos como membros de uma grande família, entre os quais não existe sombra de ciúme e de rivalidade, o que — diz o Mestre —, temos, de passagem, grande satisfação em registrar. A maioria dos assistentes era composta de operários e toda gente notou a perfeita ordem que não cessou de reinar um só instante. É que os verdadeiros espíritas põem sua satisfação nas alegrias do coração e não nos prazeres ruidosos".

A 14 de outubro do mesmo ano encontramos Allan Kardec em Bordéus, onde, como em todas as cidades por que passava, semeava a boa-nova e fazia germinar a fé no futuro.

Além das viagens e dos trabalhos de Allan Kardec, esse ano de 1861 permanecerá memorável nos anais do Espiritismo por um fato de tal modo monstruoso que quase parece incrível. Refiro-me ao auto-de-fé levado a efeito em Barcelona, e em que foram queimadas pela fogueira dos inquisidores trezentas obras espíritas.

O Sr. Maurício Lachâtre estava nessa época estabelecido como livreiro, em Barcelona, em relações e em comunhão de idéias com Allan Kardec. Assim, pediu a este que lhe enviasse certo número de obras espíritas, para as expor à venda e fazer propaganda da nova filosofia.

Essas obras, em número de trezentas aproximadamente, foram expedidas nas condições ordinárias, com uma declaração em ordem do conteúdo das caixas. À sua chegada à Espanha, foram os direitos da alfândega cobrados ao destinatário e arrecadados pelos agentes do governo espanhol; mas a entrega das caixas não se fez: o bispo de Barcelona, tendo julgado esses livros perniciosos à fé católica, fez confiscar a expedição pelo Santo-Ofício.

Uma vez que não queriam entregar essas obras ao destinatário, Allan Kardec reclamou a sua devolução; mas a sua reclamação foi de nulo efeito, e o bispo de Barcelona, erigindo-se em policiador da França, fundamentou a sua recusa com a seguinte resposta: "A Igreja Católica é universal, e sendo esses livros contrários à fé católica, o governo não pode consentir que eles passem a perverter a moral e a religião de outros países."

E não somente esses livros não foram restituídos, mas também os direitos aduaneiros ficaram em poder do fisco espanhol. Allan Kardec poderia promover uma ação diplomática e obrigar o governo espanhol a efetuar o retorno das obras. Os Espíritos, porém, o dissuadiram disso, dizendo que era preferível para a propaganda do Espiritismo deixar essa ignomínia seguir o seu curso.

Renovando os fastos e as fogueiras da Idade Média, o bispo de Barcelona fez queimar em praça pública, pela mão do carrasco, as obras incriminadas.

Eis aqui, a título de documento histórico, o processo verbal dessa infâmia clerical:

"Aos nove dias de outubro de mil oitocentos e sessenta e um, às dez horas e meia da manhã, na esplanada da cidade de Barcelona, no lugar em que são executados os criminosos condenados à pena última, por ordem do bispo desta cidade foram queimados trezentos volumes e brochuras sobre o Espiritismo, a saber:

"A *Revista Espírita*, diretor Allan Kardec;

"A *Revista Espiritualista*, diretor Piérart;

"*O Livro dos Espíritos*, por Allan Kardec;

"*O Livro dos Médiuns*, pelo mesmo;

"*O que é o Espiritismo*, pelo mesmo;

"*Fragmento de Sonata*, ditado pelo Espírito de Mozart;

"*Carta de um católico sobre o Espiritismo*, pelo Doutor Grand;

"*A História de Joana d'Arc*, por ela mesma ditada a Mlle. Ermance Dufaux;

"*A realidade dos Espíritos demonstrada pela escrita direta*, pelo Barão de Guldenstubbé.

"Assistiram ao auto-de-fé:

"Um padre revestido de hábitos sacerdotais, trazendo em uma das mãos a cruz e, na outra, uma tocha;

"Um tabelião encarregado de redigir o processo verbal do auto-de-fé;

"O escrevente do tabelião;

"Um empregado superior da administração das alfândegas;

"Três *mozos* (serventes) da alfândega, encarregados de alimentar o fogo;

"Um agente da alfândega, representando o proprietário das obras condenadas pelo bispo;

"Uma multidão incalculável aglomerava-se nos passeios e cobria a esplanada em que ardia a fogueira.

"Quando o fogo consumiu os trezentos volumes e brochuras espíritas, o padre e os seus ajudantes se retiraram cobertos pelos apupos e as maldições dos numerosos assistentes, que gritavam: Abaixo a Inquisição!

"Em seguida muitas pessoas se acercaram da fogueira e apanharam cinzas."

Seria diminuir o horror de tais atos, acompanhá-los com a narrativa dos comentários; constatemos somente que ao clarão dessa fogueira o Espiritismo tomou um incremento inesperado em toda a Espanha e, como o haviam os Espíritos previsto, conquistou, aí, um número incalculável de adeptos. Só podemos, pois, como o fez Allan Kardec, alegrar-nos com o grande reclamo que esse ato odioso operou em favor do Espiritismo. A propósito, porém, da propaganda que nós mesmos devemos fazer da nossa filosofia, nunca deveremos esquecer estes conselhos do Mestre (*Revista Espírita*, 1863, pág. 367.):

"O Espiritismo se dirige aos que não crêem ou que duvidam, e não aos que têm fé e a quem essa fé é suficiente; ele não diz a ninguém que renuncie às suas crenças para adotar as nossas, e nisto é conseqüente com os princípios de tolerância e de liberdade de consciência que professa. Por esse motivo não poderíamos aprovar as tentativas feitas por certas pessoas para converter às nossas idéias o clero, de qualquer comunhão que seja. Repetiremos, pois, a todos os espíritas: acolhei com solicitude os homens de boa vontade; oferecei a luz aos que a procuram, porque com os que crêem não sereis bem-sucedidos; não façais violência à fé de ninguém, muito mais quanto ao clero que aos seculares, porque semeareis em campos áridos; ponde a luz em evidência, para que a vejam os que quiserem ver; mostrai os frutos da árvore e deles dai de comer aos que têm fome e não aos que se dizem saciados."

Estes conselhos, como todos os de Allan Kardec, são claros, simples e sobretudo práticos; cumpre que deles nos recordemos e os aproveitemos oportunamente.

•

O ano de 1862 foi fértil em trabalhos favoráveis à difusão do Espiritismo. No dia 15 de janeiro apareceu a pequenina e excelente brochura de propaganda: *O Espiritismo em sua mais simples expressão.* "O fim desta publicação, diz Allan Kardec, é apresentar, em quadro muito resumido, um histórico do Espiritismo e uma idéia suficiente da doutrina dos Espíritos, para permitir ser compreendido o seu fim moral e filosófico. Pela clareza e simplicidade do estilo, procuramos pô-lo ao alcance de todas as inteligências. Contamos com o zelo de todos os verdadeiros espíritas, para que lhe auxiliem a propagação." — Este apelo foi ouvido, porque a pequena brochura se espalhou em profusão, devendo muitos a esse excelente trabalho o terem compreendido o fim e o alcance do Espiritismo.

Tendo os nossos predecessores no Espiritismo transmitido a Allan Kardec, por ocasião do Ano-Novo, a expressão dos seus sentimentos de gratidão, eis aqui como respondeu o Mestre a esse testemunho de simpatia:

"Meus caros irmãos e amigos de Lião:

"A manifestação coletiva que tivestes a bondade de transmitir-me, por ocasião do ano-novo, produziu-me vivíssima satisfação, provando-me que conservastes de mim uma boa recordação; mas, o que me causou maior prazer, nesse ato espontâneo de vossa parte, foi encontrar, entre as numerosas assinaturas que nele figuram, representantes de quase todos os grupos, porque é um sinal da harmonia que reina entre eles. Sou feliz por ver que compreendestes perfeitamente o fim dessa organização, cujos resultados desde já podeis apreciar, porque deve ser agora evidente para vós que uma sociedade única seria quase impossível.

"Agradeço, meus bons amigos, os votos que fazeis por mim; eles me são tanto mais agradáveis quanto sei que partem do coração, e são os que Deus atende. Ficai, pois, satisfeitos, porque Ele os ouve todos os dias, proporcionando-me a extraordinária satisfação no estabelecimento de uma nova doutrina, de ver aquela a que me tenho dedicado engrandecer e prosperar, em minha vida, com uma rapidez maravilhosa; considero um grande favor do céu ser testemunha do bem que ela já produz.

"Esta certeza, de que recebo diariamente os mais tocantes testemunhos, me paga com usura todos os meus sofrimentos, todas as minhas fadigas; não peço a Deus senão uma graça, e é a de dar-me a força física necessária para ir até ao fim da minha tarefa, que longe se encontra de estar concluída; mas, como quer que suceda, possuirei sempre a maior consolação, pela certeza de que a semente das idéias novas, espalhada agora por toda parte, é imperecível; mais feliz que muitos outros, que não trabalharam senão para o futuro, é-me permitido contemplar os primeiros frutos.

"Se alguma coisa lamento, é que a exigüidade dos meus recursos pessoais me não permita pôr em execução os planos que concebi para um avanço ainda mais rápido; se Deus, porém, em sua sabedoria, entendeu dispor de modo diferente, legarei esses planos aos nossos sucessores, que, sem dúvida, serão mais felizes. A despeito da escassez dos recursos materiais, o movimento que se opera na opinião ultrapassou toda a expectativa; crede, meus irmãos, que nisso o vosso exemplo não terá sido sem influência. Recebei, portanto, as nossas felicitações pela maneira por que sabeis compreender e praticar a Doutrina.

"No ponto a que hoje chegaram as coisas, e tendo em vista a marcha do Espiritismo através dos obstáculos semeados em seu caminho, pode dizer-se que as principais dificuldades estão superadas; ele conquistou o seu lugar e está assente sobre bases que de ora em diante desafiam os esforços dos seus adversários.

"Perguntam como uma doutrina, que torna feliz e melhor, pode ter inimigos; é natural; o estabelecimento das melhores coisas choca sempre interesses, ao começar. Não tem acontecido assim com todas as invenções e descobertas que têm revolucionado a indústria? As que hoje são consideradas como benefícios, sem as quais não se poderia mais passar, não tiveram inimigos obstinados? Toda lei que reprime um abuso não tem contra si todos os que vivem dos abusos? Como quereríeis que uma doutrina que conduz ao reino da caridade efetiva não fosse combatida por todos os que vivem no egoísmo? E sabeis que são eles numerosos na Terra!

"No começo contaram sepultá-la com a zombaria; hoje vêem que essa arma é impotente e que, sob o fogo dos sarcasmos, ela prosseguiu o seu caminho sem tropeçar. Não acrediteis que se confessem vencidos; não, o interesse material é tenaz. Reconhecendo que é uma potência com que é necessário de hoje em diante contar, vão dirigir-lhe assaltos mais sérios, mas que só servirão para melhor atestar a fraqueza deles. Uns a atacarão diretamente por palavras e atos, e a perseguirão até na pessoa dos seus adeptos, que eles se esforçarão por desalentar a poder de embaraços, enquanto que outros, secretamente e por caminhos disfarçados, procurarão miná-la surdamente.

"Ficai prevenidos de que a luta não está terminada; fui avisado de que eles vão tentar um supremo esforço. Não tenhais, porém, receio: o penhor da vitória está nesta divisa, que é a de todos os verdadeiros espíritas: *Fora da caridade não há salvação.* Arvorai-a bem alto, porque ela é a cabeça de Medusa para os egoístas.

"A tática, posta já em prática pelos inimigos dos espíritas, mas que eles vão empregar com novo ardor, é tentar dividi-los criando sistemas divergentes e suscitando entre eles a desconfiança e o ciúme. Não vos deixeis cair no laço, e tende como certo que quem quer que procure um meio, qualquer que seja, para quebrar a boa harmonia, não pode ter boa intenção. É por isso que vos recomendo useis da maior circunspeção na formação dos vossos grupos, não somente para vossa tranqüilidade, como no próprio interesse dos vossos labores.

"A natureza dos trabalhos espíritas exige calma e recolhimento. Ora, não há recolhimento possível se se está preocupado com discussões e com a manifestação de sentimentos malévolos. Não haverá sentimentos malévolos se houver fraternidade; não pode, porém, haver fraternidade em egoístas, ambiciosos e orgulhosos. Entre orgulhosos, que se suscetibilizam e ofendem por tudo, ambiciosos que se sentirão mortificados se não tiverem a supremacia, egoístas que não pensam senão em si, a cizânia não pode tardar a introduzir-se, e com ela a dissolução. É o que desejariam os nossos inimigos, e é o que eles procuram fazer.

"Se um grupo quer estar em condições de ordem, de tranqüilidade e de estabilidade, é preciso que nele reine o sentimento fraternal. Todo grupo ou sociedade que se formar, sem ter caridade efetiva por base, não tem vitalidade; enquanto que aqueles que forem fundados de acordo com o verdadeiro espírito da doutrina olhar-se-ão como membros de uma mesma família que, não sendo possível habitarem todos sob o mesmo teto, moram em lugares diferentes. A rivalidade entre eles seria um contra-senso; ela não poderia existir onde reina a verdadeira caridade, porque a caridade não se pode entender de duas maneiras.

"Reconhecei, pois, o verdadeiro espírita na prática da caridade por pensamentos, palavras e obras, e persuadi-vos de quem quer que nutra em sua alma sentimentos de animosidade, de rancor, de ódio, de inveja ou de ciúme, mente a si próprio se tem a pretensão de compreender e praticar o Espiritismo.

"O egoísmo e o orgulho matam as sociedades particulares, como matam os povos e a sociedade em geral..."

Tudo mereceria citação nestes conselhos, tão justos quão práticos; mas é preciso que nos limitemos, em razão do tempo de que podemos dispor.

•

A pedido dos espíritas de Lião e de Bordéus, Allan Kardec fez, em setembro e outubro, uma longa viagem de propaganda semeando por toda parte a boa-nova e prodigalizando conselhos, mas somente aos que lhos pediam; o convite feito pelos grupos lioneses estava subscrito por quinhentas assinaturas. Uma publicação especial deu conta dessa viagem de mais de seis semanas durante a qual o Mestre presidiu a mais de cinqüenta reuniões em vinte cidades, onde por toda parte foi alvo do mais cordial acolhimento e se sentiu feliz por verificar os imensos progressos do Espiritismo.

A respeito das viagens de Allan Kardec, como certas influências hostis houvessem espalhado o boato de que eram feitas a expensas da Sociedade Parisiense de Estudos Espíritas, sobre cujo orçamento igualmente ele sacava de antemão todos os seus gastos de correspondência e de manutenção, o Mestre rebateu, assim, essa falsidade:

"Muitas pessoas, sobretudo na província, pensaram que as despesas dessas viagens oneravam a Sociedade de Paris; tivemos que desfazer esse erro quando se ofereceu a ocasião; aos que ainda o pudessem partilhar, recordaremos o que afirmamos noutra circunstância (número de junho de 1862, página 167, *Revista Espírita*), que a Sociedade se limita a prover às suas despesas correntes e não possui reservas; para que pudesse acumular capital, ser-lhe-ia preciso que tivesse em mira o número; e isto é o que ela não faz nem quer fazer, porque o seu fim não é a especulação e porque o número nada acrescenta à importância dos trabalhos. Sua influência é toda moral e está no caráter de suas reuniões, que dão aos estranhos a idéia de uma assembléia grave e séria, aí está o seu mais poderoso meio de propaganda. Ela, pois, não poderia prover tal despesa. Os gastos de viagem, como todos os que as nossas relações reclamam para o Espiritismo, são tirados dos nossos recursos pessoais e das nossas economias, aumentadas com o produto das nossas obras, sem o qual nos seria impossível prover a todos os encargos, que são para nós a conseqüência da obra que empreendemos. Isto é dito sem vaidade e unicamente para render homenagem à verdade, e para edificação daqueles aos quais se afigura que nós capitalizamos."

Em 1862 Allan Kardec fez também aparecer uma *Refutação às críticas contra o Espiritismo**, no ponto de vista do materialismo, da ciência e da religião.

Em abril de 1864 publicou *a Imitação do Evangelho segundo o Espiritismo*, com a explicação das máximas morais do Cristo, sua aplicação e sua concordância com o Espiritismo. O título dessa obra foi depois modificado, e é hoje *O Evangelho segundo o Espiritismo*.

Aproveitando-se da época das férias, Allan Kardec fez em setembro de 1864 uma viagem a Antuérpia e a Bruxelas. Expondo aos espíritas belgas o seu modo de ver acerca dos grupos e sociedades espíritas, recorda o que já havia dito em Lião, em 1861: "Vale mais, portanto, haver em uma cidade cem grupos de dez a vinte adeptos, em que nenhum

---

* Allan Kardec, no livro *Voyage Spirite en 1862* (Ledoyen, Paris, 1862, gr. in-8º, 64 pp.), revela ter desistido da idéia de publicar o opúsculo que anunciara um ano antes (*Revue Spirite*, 1861, dez., p. 371) e que seria intitulado *Réfutation des critiques contre le Spiritisme au point de vue matérialiste, scientifique et religieux.* — **Nota da Editora (FEB)** à 16ª edição, em 1975.

se arrogue a supremacia sobre os outros, do que uma única sociedade que a todos reunisse. Esse fracionamento em nada pode prejudicar a unidade dos princípios, desde que a bandeira é uma só e que todos se dirigem para um mesmo fim."

As sociedades numerosas têm sua razão de ser sob o ponto de vista da propaganda; mas, quanto aos estudos sérios e continuados, é preferível constituírem-se grupos íntimos.

No dia 1º de agosto de 1865, Allan Kardec fez aparecer uma nova obra — *O Céu e o Inferno ou a Justiça Divina segundo o Espiritismo*, na qual são mencionados numerosos exemplos da situação dos Espíritos, no mundo espiritual e na Terra, e as razões que motivaram essa situação.

Os admiráveis êxitos do Espiritismo, seu desenvolvimento quase incrível, criaram-lhe inúmeros inimigos e, à proporção que ele se foi engrandecendo, aumentou, também, a tarefa de Allan Kardec. O Mestre possuía uma vontade de ferro, um poder de combatividade extraordinários; era um trabalhador infatigável; de pé, em qualquer estação, desde às 4 horas e meia, respondia a tudo, às polêmicas veementes dirigidas contra o Espiritismo, contra ele próprio, às numerosas correspondências que lhe eram dirigidas; atendia à direção da *Revista Espírita* e da Sociedade Parisiense de Estudos Espíritas, à organização do Espiritismo e ao preparo das suas obras.

Esse excesso físico e intelectual esgotou-lhe o organismo, e repetidas vezes os Espíritos precisam chamá-lo à ordem, a fim de obrigá-lo a poupar a saúde. Ele, porém, sabe que não deve durar mais que uns dez anos ainda:

numerosas comunicações o preveniram desse termo e lhe anunciaram mesmo que a sua tarefa não seria concluída senão em nova existência, que sucederia a breve trecho à sua próxima desencarnação; por isso ele não quer perder ocasião alguma de dar ao Espiritismo tudo o que pode, em força e vitalidade.

Em 1867 faz uma curta viagem a Bordéus, Tours e Orleans; em seguida põe novamente mãos à obra, para publicar, em janeiro de 1868, *A Gênese, os milagres e as predições segundo o Espiritismo.* É das mais importantes esta obra, porque constitui, sob o ponto de vista científico, a síntese dos quatro primeiros volumes já publicados.

Allan Kardec ocupa-se, em seguida, de um projeto de organização do Espiritismo, por meio do qual espera imprimir mais vigor, mais ação à filosofia de que se fez apóstolo, procurando desenvolver-lhe o lado prático e fazer-lhe produzir seus frutos. O objeto constante das suas preocupações é saber quem o substituirá em sua obra, porque sente que o desenlace está próximo; e a constituição que elabora tem precisamente por fim prover às necessidades futuras da Doutrina Espírita.

Desde os primeiros anos do Espiritismo, Allan Kardec havia comprado, com o produto das suas obras pedagógicas, 2.666 metros quadrados de terreno na avenida Ségur, atrás dos Inválidos. Tendo essa compra esgotado os seus recursos, ele contraiu com o Crédit Foncier um empréstimo de 50.000 francos para fazer construir nesse terreno seis pequenas casas, com jardim; alimentava a doce esperança de recolher-se a uma delas, na Vila Ségur, e torná-la-ia, depois da sua morte, asilo, a que se pudessem recolher na velhice os defensores indigentes do Espiritismo.

Em 1869 a Sociedade Espírita era reconstituída e tornada sociedade anônima, com o capital de 40.000 francos, dividido em quarenta ações, para a exploração da livraria, da *Revista Espírita* e das obras de Allan Kardec. A nova sociedade devia instalar-se no dia 1º de abril, à rua de Lille nº 7.

Allan Kardec, cujo contrato de arrendamento na passagem Sant'Ana estava quase a terminar, contava retirar-se para a Vila Ségur, a fim de trabalhar mais ativamente nas obras que lhe restava fazer e cujo plano e documentos se achavam já reunidos. Estava, pois, em todos os preparativos de mudança de domicílio, quando a 31 de março a doença de coração que o minava surdamente pôs termo à sua robusta constituição e, como um raio, o arrebatou à afeição dos seus discípulos. Essa perda foi imensa para o Espiritismo, que via desaparecer o seu fundador e mais poderoso propagandista, e lançou em profunda consternação todos os que o haviam conhecido e amado.

Hippolyte-Léon-Denizard Rivail — Allan Kardec — faleceu em Paris, rua e passagem Sant'Ana, 59, 2ª circunscrição e *mairie* de la Banque, em 31 de março de 1869, na idade de 65 anos, sucumbindo da ruptura de um aneurisma.

Unânimes sentimentos acolheram a dolorosa notícia, e numerosíssima concorrência acompanhou ao Père-Lachaise*, sua derradeira morada, os despojos mortais daquele que fora Allan Kardec, daquele que, através dos

---

* Ver *Reformador* de abril de 1957, pág. 93.

tempos, brilhará como um meteoro fulgurante na aurora do Espiritismo.

Quatro orações foram proferidas à beira do túmulo do Mestre: a primeira, pelo Sr. Levent, em nome da Sociedade Espírita de Paris; a segunda, pelo Sr. Camilo Flammarion, que não fez somente um esboço do caráter de Allan Kardec e do papel que cabe aos seus trabalhos no movimento contemporâneo, mas ainda, e sobretudo, um exame da situação das ciências físicas, no ponto de vista do mundo invisível, das forças naturais desconhecidas, da existência da alma e da sua indestrutibilidade. Em seguida, tomou a palavra o Sr. Alexandre Delanne, em nome dos espíritas dos centros afastados; e, depois, o Sr. E. Muller, em nome da família e dos seus amigos, dirigiu ao morto querido os últimos adeuses.

A senhora Allan Kardec tinha 74 anos por ocasião da morte de seu esposo. Sobreviveu-lhe até 1883, ano em que, a 21 de janeiro, se extinguiu, na idade de 89 anos, sem herdeiros diretos.

Erraria quem acreditasse que, em virtude dos seus trabalhos, Allan Kardec devia ser uma personagem sempre fria e austera. Não era, entretanto, assim. Esse grave filósofo, depois de haver discutido pontos mais difíceis da psicologia e da metafísica transcendental, mostrava-se expansivo, esforçando-se por distrair os convidados que ele freqüentemente recebia na Vila Ségur; conservando-se sempre digno e sóbrio em suas expressões, sabia adubá-las com o nosso velho sal gaulês em rasgos de causticante e afetuosa bonomia. Gostava de rir com esse belo riso franco, largo e comunicativo, e possuía um talento todo particular em fazer os outros partilharem do seu bom-humor.

Todos os jornais da época se ocuparam da morte de Allan Kardec e procuraram medir-lhe as conseqüências. Eis aqui, a título de lembrança, o que a esse respeito escrevia o Sr. Pagès de Noyez, no *Journal de Paris*, de 3 de abril de 1869:

"Aquele que por tão longo tempo ocupou o mundo científico e religioso sob o pseudônimo de Allan Kardec, chamava-se Rivail e morreu na idade de 65 anos.

"Vimo-lo deitado num simples colchão, no meio da sala das sessões a que há tantos anos ele presidia; vimo-lo com o semblante calmo como se extinguem aqueles a quem a morte não surpreende e que, tranqüilos quanto ao resultado de uma vida honesta e laboriosamente preenchida, imprimem como que um reflexo da pureza de sua alma sobre o corpo que abandonaram.

"Resignados pela fé em uma vida melhor, e pela convicção da imortalidade da alma, inúmeros discípulos tinham vindo lançar um derradeiro olhar àqueles lábios descorados que, ainda na véspera, lhes falavam a linguagem da Terra. Mas eles recebiam já a consolação de além-túmulo: o Espírito de Allan Kardec veio dizer-lhes quais haviam sido as suas comoções, quais as suas primeiras impressões, quais, dos que o haviam precedido no além-túmulo, tinham vindo ajudar-lhe a alma a desprender-se da matéria. Se "o estilo é o homem", aqueles que conheceram Allan Kardec em vida não podem deixar de ficar emocionados pela autenticidade dessa comunicação espírita.

"A morte de Allan Kardec é notável por uma coincidência estranha. A Sociedade fundada por esse grande vulgarizador do Espiritismo acabava de desaparecer. Abandonado o local, retirados os móveis, nada mais restava de um passado que devia renascer sobre novas bases. No fim da última sessão, o presidente fizera as suas despedidas; preenchida a sua missão, retirava-se da luta cotidiana, para se consagrar inteiramente ao estudo da filosofia espiritualista. Outros, mais jovens — intrépidos — deveriam continuar a obra e, fortes por sua virilidade, impor a verdade por sua convicção.

"Para que referir os detalhes da morte? Que importa o modo por que se partiu o instrumento, e por que consagrar uma linha a esses fragmentos de ora em diante mergulhados no turbilhão imenso das moléculas? Allan Kardec morreu na sua hora própria. Com ele terminou o prólogo de uma religião vivaz, que, irradiando todos os dias, cedo terá iluminado toda a Humanidade. Ninguém melhor que ele podia conduzir a bom termo essa obra de propaganda, à qual era necessário sacrificar as longas vigílias que alimentam o espírito, a paciência que educa com o correr do tempo, a abnegação que afronta a estultícia do presente, para não ver senão a irradiação do futuro.

"Allan Kardec terá, com suas obras, fundado o dogma pressentido pelas mais antigas sociedades. Seu nome, apreciado como o de um homem de bem, está há muito tempo vulgarizado pelos que crêem e pelos que receiam. É difícil praticar o bem sem chocar os interesses estabelecidos. O Espiritismo destrói muitos abusos, reanima muitas consciências doloridas, dando-lhes a certeza da prova e a consolação do futuro.

"Os espíritas choram hoje o amigo que os deixa, porque o nosso entendimento, por assim dizer, material, não se pode submeter a essa idéia de *transição*; pago, porém, o primeiro tributo a essa inferioridade do nosso organismo, o pensador ergue a cabeça e através desse mundo invisível, que ele sente existir além do túmulo, estende a mão ao amigo, que já não existe, convencido de que o seu Espírito nos protege sempre.

"O presidente da Sociedade Espírita de Paris está morto; mas o número de adeptos cresce todos os dias, e os corajosos, os quais pelo respeito ao Mestre se deixavam ficar no segundo plano, não hesitarão em se evidenciarem, por bem da grande causa.

"Esta morte, que o vulgo deixará passar indiferente, não deixa de ser, por isso, um grande fato para a Humanidade. Não é mais o sepulcro de um homem, é a pedra tumular enchendo esse imenso vácuo que o materialismo cavara aos nossos pés e sobre o qual o Espiritismo esparge as flores da esperança."

Um ponto sobre o qual não atraí a vossa atenção, mas que devo assinalar, é a caridade verdadeiramente cristã de Allan Kardec; dele se pode dizer que a mão esquerda ignorou sempre o bem que fazia a direita, e que esta ainda menos conheceu os botes que à outra atiravam aqueles para quem o reconhecimento é um fardo excessivamente pesado. Cartas anônimas, insultos, traições, difamações sistemáticas, nada foi poupado a esse intrépido lutador, a essa alma grande e varonil que penetrou integralmente na imortalidade.

O despojo mortal de Allan Kardec repousa no Père-Lachaise, em Paris, sob modesta lápide erigida pela piedade dos seus discípulos; é aí que se reúnem todos os anos, desde 1869*, os adeptos que têm guardado fidelidade à memória do Mestre e conservam preciosamente no coração o culto da saudade.

E já que um sentimento análogo nos reúne hoje, repitamos bem alto, minhas senhoras, meus senhores:

Honra! Honra e glória a Allan Kardec!**

Henri Sausse.

---

* Ver *Reformador* de abril de 1957, pág. 93.

** Conservamos no presente trabalho a forma de conferência que lhe deu o autor, lendo-a por ocasião da solenidade com que os espíritas de Lião celebraram, a 31 de março de 1896, o 27º aniversário do decesso de Allan Kardec. — **Nota do Tradutor**.

Preâmbulo

As pessoas que só têm conhecimento superficial do Espiritismo são, naturalmente, inclinadas a formular certas questões, cuja solução podiam, sem dúvida, encontrar em um estudo mais aprofundado dele; porém, o tempo e, muitas vezes, a vontade lhes faltam para se entregarem a observações seguidas. Antes de empreenderem essa tarefa, muitos desejam saber, pelo menos, do que se trata e se vale a pena ocupar-se com tal coisa. Por isso, achamos útil apresentar resumidamente as respostas a algumas das principais perguntas que nos são diariamente dirigidas; isto será, para o leitor, uma primeira iniciação, e, para nós, tempo ganho sobre o que tínhamos de gastar a repetir constantemente a mesma coisa.

Sob a forma de diálogos, o primeiro capítulo deste volume encerra respostas às observações mais comumente feitas por aqueles que desconhecem os princípios fundamen-

tais da Doutrina e, bem assim, a refutação dos principais argumentos de seus contraditores. Esta forma nos pareceu a mais conveniente, por não ter a aridez da dogmática.

No segundo capítulo, damos uma exposição sumária das partes da ciência prática e experimental, sobre as quais, na falta de uma instrução teórica completa, o observador novato deve fixar a sua atenção para poder julgar com conhecimento de causa; é, aproximadamente, um resumo de O Livro dos Médiuns.

As objeções nascem, quase sempre, das idéias falsas, feitas, a priori, *sobre aquilo que se não conhece bem.*

Retificar essas idéias é prevenir as objeções, tal é o fim deste pequeno trabalho.

No terceiro capítulo, publicamos um resumo de O Livro dos Espíritos, *com a solução, pela Doutrina Espírita, de certo número de problemas do mais alto interesse, de ordem psicológica, moral e filosófica, que diariamente são propostos, e aos quais nenhuma filosofia deu ainda resposta satisfatória.*

Procurem resolvê-los por qualquer outra teoria, sem a chave que nos fornece o Espiritismo; comparem suas respostas com as dadas por este, e digam quais são as mais lógicas, quais as que melhor satisfazem à razão.

Estes resumos não somente são úteis aos principiantes, que neles poderão, em pouco tempo e com pouca despesa, beber as noções mais essenciais da Doutrina Espírita, senão, também, aos adeptos, pois lhes fornecem os meios para responderem às primeiras objeções que não deixarão de lhes apresentar, e, além disso, por encontrarem reunidos, em quadro restrito e sob um mesmo ponto de vista, os princípios que devem sempre estar presentes à sua memória.

Para responder, desde já e sumariamente, à pergunta formulada no título deste opúsculo, diremos que:

O ESPIRITISMO É, AO MESMO TEMPO, UMA CIÊNCIA DE OBSERVAÇÃO E UMA DOUTRINA FILOSÓFICA. COMO CIÊNCIA PRÁTICA ELE CONSISTE NAS RELAÇÕES QUE SE ESTABELECEM ENTRE NÓS E OS ESPÍRITOS; COMO FILOSOFIA, COMPREENDE TODAS AS CONSEQÜÊNCIAS MORAIS QUE DIMANAM DESSAS MESMAS RELAÇÕES.

Podemos defini-lo assim:

O Espiritismo é uma ciência que trata da natureza, origem e destino dos Espíritos, bem como de suas relações com o mundo corporal.

CAPÍTULO I

Pequena conferência espírita

CAPÍTULO I

Pequena conferência espírita

PRIMEIRO DIÁLOGO

O CRÍTICO

Visitante — Confesso-vos, caro senhor, que a minha razão recusa admitir a realidade dos fenômenos estranhos atribuídos aos Espíritos, persuadido que estou de estes não terem senão uma existência imaginária. Entretanto, eu me curvaria diante da evidência, se disso tivesse provas incontestáveis; por isso desejo merecer-vos a permissão de assistir somente a uma ou duas experiências, para não ser indiscreto, a fim de convencer-me, caso seja possível.

Allan Kardec — Desde que a vossa razão repele o que nós consideramos irrecusável, vós a credes superior às de todos quantos não compartilham de vossas opiniões.

Longe de mim o pensamento de duvidar do vosso talento e a pretensão de supor minha inteligência superior à vossa; admiti, pois, que eu esteja iludido, é a vossa razão quem vo-lo diz: e não falemos mais nisso.

V. — Entretanto, se conseguísseis convencer-me, conhecido que sou como antagonista das vossas idéias, isto seria um milagre eminentemente favorável à causa que defendeis.

A. K. — Lamento-o, caro senhor, porém não tenho o dom de fazer milagres. Julgais que uma ou duas sessões bastariam para adquirirdes convicção?

Seria, realmente, um verdadeiro prodígio; eu precisei mais de um ano de trabalho para ficar convencido; o que prova que não cheguei a esse estado inconsideradamente.

Além disso, não realizo sessões públicas e parece-me que vos enganastes sobre o fim das nossas reuniões, visto não fazermos experiências com o fito de satisfazer à curiosidade de ninguém.

V. — Não procurais, pois, fazer prosélitos?

A. K. — Para que buscarmos fazer-vos prosélito, quando não o quereis ser?

Não pretendo forçar convicção alguma. Quando encontro pessoas que sinceramente desejam instruir-se e dão-me a honra de pedir-me esclarecimentos, folgo e cumpro um dever respondendo-lhes nos limites dos meus conhecimentos; quanto aos antagonistas, porém, que, como vós, têm convicções arraigadas, não tento um passo para delas arredá-los, atento a que é grande o número dos que se mostram bem-dispostos, para que possamos perder o nosso tempo com aqueles que o não estão.

Estou certo de que, diante dos fatos, a convicção há de vir, mais tarde ou mais cedo, e que os incrédulos hão de ser arrastados pela torrente; por ora, alguns partidários, de mais ou de menos, nada alteram na pesagem; pelo que nunca me vereis incomodado para atrair, às nossas idéias, aqueles que, como vós, sabem as razões que têm para fugir delas.

V. — Há mais interesse em convencer-me do que o supondes. Permitis que me explique com franqueza e prometeis-me não ver ofensa alguma nas minhas palavras? São as minhas idéias sobre a coisa em si e não sobre a pessoa a quem me dirijo; posso respeitar a pessoa, sem participar de suas opiniões.

A. K. — O Espiritismo me tem ensinado a desprezar essas mesquinhas suscetibilidades do amor-próprio, e a me não ofender com palavras. Se as vossas expressões saírem dos limites da urbanidade e das conveniências, apenas concluirei que sois um homem mal-educado, mas não irei além.

Quanto a mim, antes quero que os outros fiquem com os defeitos, do que compartilhar deles.

Vedes, só por isso, que o Espiritismo já serve para alguma coisa.

Já vos disse, senhor, não tenho a pretensão de vos fazer adotar a minha opinião; respeito a vossa, se é sincera, como desejo que respeiteis a minha.

Acreditando ser o Espiritismo um sonho sem sentido, dissestes, sem dúvida, vindo a minha casa: V*ou ver um louco*. Confessai-o francamente, pois com isso não me escandalizarei.

Todos os espíritas são loucos, é coisa sabida. Pois bem! se julgais assim, eu tenho escrúpulo de transmitir-vos a minha enfermidade mental; e causa-me espanto ver-vos, com tal pensamento, buscar uma convicção que vos vai colocar no número dos loucos. Se já estais persuadido de que não conseguiremos convencer-vos, o passo que destes é inútil, visto que só terá por fim a curiosidade. Abreviemos, pois, por favor, porque me falta tempo para perder em conversações sem objeto.

V. — O homem pode enganar-se, deixar-se iludir, sem que, por isso, seja louco.

A. K. — Dizei logo: acreditais, como muitos, que isto é moda que durará certo tempo; mas deveis convir que um passatempo que, em alguns anos, tem conquistado milhões de partidários, em todos os países, que conta entre seus adeptos sábios de toda ordem, que se propaga de preferência nas classes mais esclarecidas, é mania singular, que merece examinada.

V. — Tenho minhas idéias a respeito, é certo, porém elas não se acham tão absolutamente firmadas, que não consinta em sacrificá-las à evidência.

Disse-vos que teríeis certo interesse em me convencer.

Confesso-vos que tenciono publicar um livro em que me proponho demonstrar *ex professo* (*sic*) a minha opinião sobre o que considero um erro; e como esse livro deve produzir efeito, dando um golpe no Espiritismo, eu deixaria de publicá-lo, caso ficasse convencido da realidade da vossa doutrina.

A. K. — Eu sentiria que ficásseis privado do que vos pode proporcionar um livro que deve produzir tanto efeito;

além disso, não tenho interesse algum em impedir a sua publicação: ao contrário, desejo-lhe grande circulação, porque assim ele nos servirá de prospecto e anúncio.

A nossa atenção é sempre chamada sobre aquilo que vemos atacado; há muita gente que quer ver os prós e os contras, e a crítica faz aparecer a verdade, mesmo aos olhos daqueles que não a procuravam aí; é assim que muitas vezes, sem querer, se faz reclamo do que se quer combater.

A questão dos Espíritos é, por outro lado, tão palpitante de interesse, choca a tal ponto a curiosidade, que basta assinalá-la à atenção, para que nasça o desejo de aprofundá-la.

V. — Então, no vosso entender, a crítica para nada serve, a opinião pública nada vale?

A. K. — Não considero a crítica como expressão da opinião pública, mas como juízo individual, que bem pode enganar-se.

Lede a história e vereis quantos trabalhos importantes foram, ao aparecer, criticados, sem que isso os excluísse do número das grandes obras; quando, porém, uma coisa é má, não há elogio que a torne boa.

Se o Espiritismo é uma falsidade, ele cairá por si mesmo; se, porém, é uma verdade, não há diatribe que possa fazer dele uma mentira.

Ao nosso modo de ver, vosso livro não será mais que uma apreciação pessoal; a verdadeira opinião pública decidirá da justeza dos vossos conceitos.

Procurarão examinar. Se mais tarde reconhecerem que vos enganastes, vosso livro se tornará ridículo, como os que, não há muito, foram publicados contra as teorias da circulação do sangue, da vacina, etc., etc.

Esquecia-me, porém, que íeis tratar a questão *ex professo*, o que equivale a dizer que a estudastes sob todas as suas faces; que vistes tudo o que se pode ver, lestes tudo o que sobre a matéria se tem escrito, analisastes e comparastes as diversas opiniões; que vos achastes nas melhores condições de observação pessoal; que durante anos lhe consagrastes vigílias; em suma: que nada desprezastes para chegar à verdade. Devo crer que tal se deu, se sois um homem sério, porque somente aquele que fez tudo isso pode dizer que fala com conhecimento de causa.

Que juízo formaríeis de um homem que, sem conhecimento de literatura, sem ter estudado a pintura, se erigisse em censor de uma obra literária ou de um quadro?

É de lógica elementar que o crítico conheça, não superficialmente, mas, a fundo, aquilo de que fala, sem o que, sua opinião não tem valor.

Para combater um cálculo é necessário opor-se-lhe outro cálculo, o que exige saber calcular. O crítico não se deve limitar a dizer que tal coisa é boa ou má; é preciso que justifique a opinião por uma demonstração clara e categórica, baseada sobre os princípios da arte ou ciência a que pertence o objeto da crítica. Como poderá fazê-lo, quando não conhecer esses princípios?

Não tendo idéia da mecânica, podereis apreciar as qualidades, ou os defeitos de determinada máquina?

Não. Pois bem: o vosso juízo acerca do Espiritismo, que aliás não conheceis, não pode ter mais valor que o que, nas condições acima, emitísseis sobre a aludida máquina. A cada passo sereis apanhado em flagrante delito de ignorância, porque aqueles que têm estudado a matéria verão logo que a desconheceis; donde concluirão que não sois um homem sério ou que agis de má-fé; expondo-vos, portanto, a receber, quer num, quer noutro caso, desmentido pouco lisonjeiro ao vosso amor-próprio.

V. — É precisamente para evitar esse perigo que vim pedir-vos permissão para assistir a algumas experiências.

A. K. — E julgais que isto vos baste para poder, *ex professo*, falar de Espiritismo?

Como podereis compreender essas experiências e, ainda mais, julgá-las, quando não estudastes os princípios em que elas se baseiam?

Como apreciaríeis o resultado, satisfatório ou não, de ensaios metalúrgicos, por exemplo, não conhecendo a fundo a metalurgia?

Permiti-me dizer-vos, senhor, que vosso projeto é absolutamente a mesma coisa que, não tendo estudado a Matemática, nem a Astronomia, vos apresentásseis a um dos membros do Observatório, dizendo-lhe:

"Senhor, quero escrever um livro sobre Astronomia e provar que o vosso sistema é falso; mas, como desconheço os menores rudimentos dessa ciência, deixai que, por uma ou duas vezes, me sirva de vossa luneta; o que será suficiente para ficar sabendo tanto quanto vós."

É somente por extensão que a palavra *criticar* se tornou sinônima de *censurar*; em sua acepção própria e segundo a etimologia, ela significa *julgar, apreciar*. A crítica pode, pois, ser aprobativa ou desaprobativa.

Fazer a crítica de um livro não é necessariamente condená-lo; quem empreende essa tarefa, deve fazê-lo sem idéias preconcebidas; porém, se antes de abrir o livro, já o condena em pensamento, o exame não pode ser imparcial.

Tal o caso da maioria dos que têm falado contra o Espiritismo. Apenas sobre o nome formaram uma opinião, fazendo qual juiz que proferisse uma sentença, sem antes examinar as peças do processo.

A conseqüência foi que seu julgamento feriu em falso, e que, em vez de persuadir, ocasionaram riso.

A maior parte dos que seriamente têm estudado a questão, mudou de idéia, e mais de um adversário se tem tornado adepto do Espiritismo, quando reconhece que o seu objetivo é muito diverso daquele que supunha.

V. — Falais do exame dos livros em geral; acreditais que seja materialmente possível a um jornalista ler e estudar todos os que lhe passam pelas mãos, sobretudo quando se ocupam com teorias novas, que lhe seria preciso aprofundar e verificar?

Seria o mesmo que exigir de um impressor que ele lesse todas as obras saídas de sua prensa.

A. K. — A tão judicioso raciocínio não tenho outra resposta a dar senão que, quando nos falta o tempo para fazer conscienciosamente uma coisa, é melhor não fazê-la; é preferível produzir um só trabalho bom a fazer dez maus.

V. — Não acrediteis que minha opinião se tenha formado levianamente. Vi mesas girarem e produzirem sons como de pancadas; vi pessoas escreverem o que segundo diziam, lhes ditavam os Espíritos; estou, porém, convencido de que nisso há charlatanismo.

A. K. — Quanto vos cobraram para mostrar-vos essas coisas?

V. — Nada, por certo.

A. K. — Ora, aí tendes charlatães de uma espécie singular, que vão reabilitar o nome da sua classe. Até ao presente não se tinha ainda visto charlatães desinteressados.

Suponhamos que um gaiato de mau gosto tenha querido uma vez divertir-se assim; será crível que as outras pessoas presentes pactuassem com ele? Demais, com que fim se fariam elas cúmplices de uma mistificação? Direis que com o fim de recrear a sociedade...

Concordo em que uma vez se prestassem a tal brinquedo; porém, quando esse brinquedo dura meses e anos, julgo que o mistificado é o próprio mistificador. Não é provável que, só pelo gosto de fazer que creiam em uma coisa que ele sabe ser falsa, alguém vá passar horas inteiras, imóvel, agarrado a uma mesa. O gosto não equivaleria à pena.

Antes de julgar isso uma fraude, é preciso indagar que interesse havia em enganar; ora, não deixareis de convir que há pessoas que se não coadunam com a mais leve suspeita de embuste; pessoas cujo caráter já é uma garantia de probidade.

Coisa muito diversa seria se se tratasse de uma especulação, porque a tentação do ganho é má conselheira; mas, admitindo mesmo que, neste último caso, ficasse bem comprovado um manejo fraudulento, isso em nada ofenderia a realidade do princípio, porque de tudo se pode abusar.

Por vender-se vinho falsificado, não se deve concluir que não existe vinho puro.

O Espiritismo não é mais responsável pelos atos daqueles que abusam desse nome e o exploram, do que o é a ciência médica pelos atos dos charlatães que impingem suas drogas, ou a religião pelos dos sacerdotes que iludem seu ministério.

Por sua novidade e mesmo por sua natureza, o Espiritismo se presta a abusos; ele, porém, fornece os meios para que os reconheçam, definindo claramente seu verdadeiro caráter e afastando de si toda a solidariedade com aqueles que o viriam a explorar ou desviar do seu fim exclusivamente moral, para transformá-lo em meio de vida, em instrumento de adivinhação ou de investigações fúteis.

Desde que o Espiritismo mesmo traça os limites em que se encerra, define o que pode ou não dizer ou fazer, o que está ou não em suas atribuições, o que aceita e o que repudia, toda a falta recai sobre aqueles que, não se dando ao trabalho de estudá-lo, o julgam pelas aparências e que, por terem encontrado saltimbancos adornando-se sob o nome de *espíritas*, para chamar concorrência, dizem com gravidade: eis o que é o Espiritismo.

Sobre quem, em definitivo, cairá o ridículo? Será sobre o saltimbanco que usa do seu ofício? Será sobre o Espiritismo, cuja doutrina escrita desmente tais asserções? ou, antes, sobre os críticos que falam do que não sabem ou de, cientemente, alterarem a verdade?

Aqueles que atribuem ao Espiritismo o que é contrário à sua mesma ciência, fazem-no por ignorância ou má intenção; no primeiro caso há leviandade, no segundo, má-fé. E, neste último caso, eles se colocam na posição do historiador que, no interesse de sustentar um partido ou uma opinião, alterasse os fatos históricos. Quando usa desses meios, o partido fica desacreditado e não consegue o seu fim.

Notai bem, cavalheiro, que eu não pretendo que a crítica deve necessariamente aprovar nossas idéias, mesmo depois de as haver estudado; não nos revoltamos de forma alguma contra os que não pensam como nós.

O que é evidente, para nós, pode não ser para vós outros; cada qual julga as coisas debaixo de certo ponto de vista, e do fato mais positivo nem todos tiram as mesmas conseqüências.

Se um pintor, por exemplo, pinta em seu quadro um cavalo branco, não faltará quem diga que essa cor faz aí mau efeito, que a cor negra conviria mais, e nisto não se comete erro; cometer-se-á, porém, se, vendo que o cavalo é branco, afirmar que é negro; é o que faz a maioria dos nossos adversários.

Em resumo, senhor, todos têm completa liberdade de aprovar ou censurar os princípios do Espiritismo, de deduzir deles as conseqüências boas ou más que lhes aprouver, porém a consciência impõe ao crítico a obrigação de não dizer o contrário do que ele sabe que é; ora, para isso, a primeira condição é não falar do que não conhece.

V. — Voltemos, por favor, às mesas que se movem e falam; não será possível que elas sejam preparadas com algum artifício?

A. K. — É sempre a mesma questão de boa-fé, a que já respondi.

Quando a fraude for provada, eu vo-la reconhecerei; se descobrirdes fatos demonstrados de embuste, charlatanismo, especulação ou abuso de confiança, fustigai-os e eu desde já vos declaro que não irei defendê-los, porque o Espiritismo sério é o primeiro a repudiá-los; e quem assinalar tais abusos o auxilia no trabalho de preveni-los e lhe presta importante serviço. Porém, generalizar essas acusações, lançar sobre elevado número de pessoas honradas a reprovação que só cabe a alguns indivíduos isolados, é um abuso de outro gênero, porque é uma calúnia.

Admitindo, como dissestes, que as mesas estivessem preparadas, era preciso que o mecanismo empregado fosse bem engenhoso para fazê-las produzir movimentos e sons tão variados. Ora, como não é ainda conhecido o nome do hábil artista que os fabrica? Entretanto, ele deveria gozar de grande celebridade, visto que seus aparelhos estão espalhados pelas cinco partes do mundo.

Devemos também convir que o seu processo é assaz delicado e sutil, para poder adaptar-se à primeira mesa que se apresenta, sem deixar sinal algum exterior que o denuncie.

Como é que, desde Tertuliano, que já tratava das mesas giratórias e falantes, até o presente ninguém conseguiu ver e descrever tal mecanismo?

V. — Eis o que vos ilude. Um célebre cirurgião reconheceu que certas pessoas podem, pela contração de um músculo da perna, produzir um ruído semelhante ao que atribuís à mesa; donde concluiu que os médiuns se divertem à custa da credulidade dos assistentes.

A. K. — Se é um estalido do músculo, não é então a mesa que está preparada. Uma vez que cada qual explica a seu modo essa pretendida fraude, fica reconhecido que a verdadeira causa não é sabida.

Respeito a ciência desse sábio cirurgião, e somente acho que se apresentam algumas dificuldades na aplicação, às mesas falantes, da teoria indicada.

A primeira é que é singular que essa faculdade, até o presente excepcional e olhada como um caso patológico, se tenha tornado comum; a segunda, que é preciso ter-se robustíssima vontade de mistificar, para fazer estalar o músculo durante duas ou três horas consecutivas, quando disso não resulte a quem assim procede senão fadiga e dor; a terceira, que eu não compreendo bem como pode esse músculo responder às portas e paredes em que as pancadas se fazem ouvir; a quarta, finalmente, que é necessário dar-se a esse músculo estalador uma propriedade bem maravilhosa, para que ele possa mover uma pesada mesa, levantá-la, abri-la, fechá-la, conservá-la suspensa sem ponto de apoio, e, finalmente, fazê-la despedaçar-se ao cair.

Ninguém, por certo, desconfiava que esse músculo possuísse tanta virtude (*Revue Spirite*, junho de 1859, pág. 141: "Le muscle craqueur".)

O célebre cirurgião, de que falais, teria estudado o fenômeno da tiptologia sobre os indivíduos que os produzem? Não; ele observou um efeito fisiológico anormal em alguns indivíduos que nunca se ocuparam de mesas batedoras; e, notando certa analogia entre esse efeito e o que essas mesas produzem, sem mais amplo exame concluiu, com toda a autoridade de sua ciência, que todos os que concorrem, para que as mesas falem, devem ter a propriedade de fazer estalar o músculo curto-perônio, e não são mais que embusteiros, sejam eles príncipes ou artífices, recebam ou não um pagamento.

Estudou ele, ao menos, o fenômeno da tiptologia em todas as suas fases? Verificou, por meio desse estalido muscular, se podia produzir todos os efeitos tiptológicos? Não; porque, do contrário, ele ficaria convencido da insuficiência do seu processo; apesar disso, julgou-se no caso de proclamar a sua descoberta, em pleno Instituto.

Não será esse juízo assaz comprometedor para um sábio? Quem pensa hoje nessa opinião?

Confesso-vos que, se me tivesse de sujeitar a uma operação cirúrgica, hesitaria muito em confiar-me a esse médico, porque receraria que ele não julgasse o meu mal com mais perspicácia.

Já que esse juízo é uma das autoridades em que pareceis querer apoiar-vos para esmagar o Espiritismo, fico completamente inteirado da força dos outros argumentos que quereis validar, a menos que os não vades beber em fontes mais autênticas.

V. — Entretanto, bem vedes que já passou a moda das mesas girantes que durante certo tempo fizeram furor; hoje já ninguém se ocupa com elas.

Por que se dá isso, quando é uma coisa séria?

A. K. — Porque das mesas girantes saiu uma coisa ainda mais séria: uma ciência completa, uma perfeita doutrina filosófica, do máximo interesse para os homens que refletem. Quando estes nada mais tiveram a aprender no giro das mesas, não mais com elas se ocuparam.

Para as pessoas fúteis, que nada querem aprofundar, esse fenômeno era um passatempo, um divertimento que abandonaram quando dele se aborreceram; são pessoas com as quais a ciência não conta.

O período de curiosidade teve seu tempo; sucedeu-lhe o da observação. O Espiritismo entrou, então, no domínio da gente séria, que não o toma como objeto de divertimento, mas, sim, como meio de instruir-se.

Porém, essas pessoas que o consideram como coisa grave, não se prestam a qualquer experiência de curiosidade, e ainda menos a satisfazer a daqueles que se apresentam com pensamentos hostis; como não brincam, não se prestam a servir de brinquedo para os outros; eu pertenço a esse número.

V. — No entanto, somente a experiência pode convencer, mesmo aquele que, em começo, seja movido pela curiosidade.

Se só trabalhais na presença de pessoas convictas, deixai que vos diga, ensinais a quem já sabe.

A. K. — Uma coisa é estar convencido e outra estar disposto a convencer-se; é aos desta última classe que me dirijo, e não aos que julgam humilhação vir escutar o que eles chamam ilusões. Com estes eu não me ocupo, absolutamente.

Quanto aos que manifestam sincero desejo de esclarecer-se, o melhor modo que têm, para prová-lo, é mostrar perseverança; são reconhecidos por outros sinais que não apenas o desejo de ver uma ou duas experiências: esses querem trabalhar seriamente.

A convicção só se adquire com o tempo, por meio de uma série de observações feitas com cuidado todo particular.

Os fenômenos espíritas diferem essencialmente dos das ciências exatas: não se produzem à vontade; é preciso que os colhamos de passagem; é observando muito e por muito tempo que se descobre uma porção de provas que escapam à primeira vista, sobretudo, quando não se está familiarizado com as condições em que se pode encontrá-las, e ainda mais quando se vem com o espírito prevenido.

As provas abundam para o observador assíduo e refletido: uma palavra, um fato aparentemente insignificante, é para ele um raio de luz, uma confirmação; ao passo que tais fatos não têm sentido para quem os observa superficialmente ou por simples curiosidade; eis por que não me presto a fazer experiências sem resultado provável.

V. — Enfim, tudo deve ter começo. O aprendiz, que nada sabe, que nada viu ainda, mas que deseja esclarecer-se, como poderá fazê-lo, quando não lhe facultais os meios para isso?

A. K. — Eu faço grande distinção entre o incrédulo por ignorância e o incrédulo por sistema; quando descubro alguém com disposições favoráveis, nada me custa esclarecê-lo; há, porém, pessoas em quem a vontade de instruir-se não é senão aparente; com estas perde-se o tempo; porque, se elas não encontram logo o que parecem buscar, e que talvez as incomodasse, se aparecesse, o pouco que vêem não é suficiente para lhes destruir as prevenções; julgam mal os resultados obtidos e os transformam em objeto de zombaria, pelo que não há utilidade em lhos fornecer.

A quem deseja instruir-se, direi: "Não se pode fazer um curso de Espiritismo experimental como se faz um de Física ou de Química, atento que nunca se é senhor de produzir os fenômenos espíritas à vontade, e que as inteligências desses agentes fazem, muitas vezes, frustrarem-se todas as nossas previsões. Aqueles que acidentalmente poderíeis ver, não apresentando nexo algum, nem ligação necessária, seriam pouco inteligíveis para vós.

Instruí-vos primeiramente pela teoria, lede e meditai as obras que tratam dessa ciência; nelas aprendereis os princípios, encontrareis a descrição de todos os fenômenos, compreendereis a possibilidade deles pela explicação que elas vos darão, e, pela narrativa de grande número de fatos espontâneos de que pudestes ser testemunha sem os compreender, mas que vos voltarão à memória, vós vos fortificareis contra todas as dificuldades que possam surgir e formareis, desse modo, uma primeira convicção moral.

Então, quando se vos apresentar a ocasião de observar ou operar pessoalmente, compreendereis, qualquer que seja a ordem em que os fatos se mostrem, porque nada vereis de estranho."

Eis, meu caro senhor, o que aconselho a todos que dizem querer instruir-se, e, pela resposta que dão, é fácil conhecer se neles há alguma coisa mais que curiosidade!

Segundo Diálogo

O Céptico

V. — Compreendo, cavalheiro, a utilidade do estudo preliminar de que acabais de falar.

Como predisposição pessoal, dir-vos-ei que não sou a favor nem contra o Espiritismo, mas esse assunto me excita o interesse no mais alto grau.

Entre as pessoas de meu conhecimento, há partidários e adversários dele; a seu respeito tenho ouvido argumentos muito contraditórios, e propunha-me submeter-vos algumas das objeções que foram feitas em minha presença e que me parecem de certo valor, para mim ao menos, que vos confesso a minha ignorância a respeito.

A. K. — Terei grande satisfação, meu amigo, em responder às perguntas que me quiserdes dirigir, sempre que forem feitas com sinceridade e sem pensamento oculto; não tenho a pretensão, entretanto, de poder responder a todas.

O Espiritismo é uma ciência que acaba de nascer e da qual resta ainda muito a aprender; seria, pois, grande presunção de minha parte pretender levar de vencida todas as dificuldades; não poderei dizer mais do que sei.

O Espiritismo prende-se a todos os ramos da Filosofia, da Metafísica, da Psicologia e da Moral; é um campo imenso que não pode ser percorrido em algumas horas.

Compreendeis que me seria materialmente impossível repetir de viva voz e a cada pessoa, em particular, tudo quanto tenho escrito sobre essa matéria, para uso geral.

Em prévia leitura cada qual encontrará, além disso, uma resposta à maior parte das questões que lhe venham à mente; essa leitura tem a dupla vantagem de evitar repetições inúteis e de provar um desejo sincero de instruir-se.

Se, depois dela, ainda existirem dúvidas ou pontos obscuros, o esclarecimento não oferecerá mais dificuldade, porque já se possui um ponto de apoio e não se tem necessidade de perder tempo em rever os princípios mais elementares da Doutrina.

Se o permitirdes, limitar-nos-emos, por ora, a algumas questões genéricas.

V. — Seja; tende a bondade de chamar-me à ordem, sempre que eu dela me afaste.

Espiritismo e Espiritualismo

Pergunto-vos, em primeiro lugar, qual a necessidade da criação de novos termos: *espírita* e *espiritismo*, para substituir: *espiritualista* e *espiritualismo*, que são da língua vulgar e por todos compreendidos?

Já ouvi alguém classificar tais termos de *barbarismos*.

A. K. — De há muito tem já a palavra *espiritualista* uma acepção bem determinada; é a Academia que no-la dá:

Espiritualista, aquele ou aquela pessoa cuja doutrina é oposta ao materialismo.

Todas as religiões são necessariamente fundadas sobre o espiritualismo. Aquele que crê que em nós existe outra coisa, além da matéria, é espiritualista, o que não implica a crença nos Espíritos e nas suas manifestações. Como o podereis distinguir daquele que tem esta crença? Ver-vos-eis obrigado a servir-vos de uma perífrase e dizer: É um espiritualista que crê ou não crê nos Espíritos.

Para as novas coisas são necessários termos novos, quando se quer evitar equívocos. Se eu tivesse dado à minha *Revista* a qualificação de *espiritualista*, não lhe teria especificado o objeto, porque, sem desmentir-lhe o título, bem poderia nada dizer nela sobre os Espíritos, e até combatê-los.

Já há algum tempo, li num jornal, a propósito de uma obra filosófica, um artigo em que se dizia tê-la o autor escrito do ponto de vista espiritualista; ora, os partidários dos Espíritos ficariam singularmente desapontados se, confiantes nessa indicação, acreditassem encontrar alguma concordância entre o que ela ensina e as idéias por eles admitidas.

Se adotei os termos *espírita*, *espiritismo*, é porque eles exprimem, sem equívoco, as idéias relativas aos Espíritos.

Todo *espírita* é necessariamente *espiritualista*, mas nem todos os *espiritualistas* são *espíritas*.

Ainda que os Espíritos fossem uma quimera, havia utilidade em adotar termos especiais para designar o que a eles se refere; porque as falsas idéias, como as verdadeiras, devem ser expressas por termos próprios.

Além disso, essas palavras não são mais bárbaras que as outras que as ciências, as artes e a indústria diariamente estão criando; com certeza, elas não o são mais do que aquela que Gall imaginou para a sua nomenclatura das faculdades, como: *Secretividade, alimentividade, afecionividade*, etc.

Há pessoas que, por espírito de contradição, criticam tudo que não provém delas, tomando ares de oposicionistas; aqueles que assim provocam tão pequeninas chicanas, só revelam o acanhamento de suas idéias. Agarrar-se a tais bagatelas é demonstrar falta de boas razões.

As palavras *espiritualismo* e *espiritualista* são inglesas, e têm sido empregadas nos Estados Unidos desde que começaram a surgir as manifestações dos Espíritos; no começo e por algum tempo, também delas se serviram na França; logo, porém, que apareceram os termos *espírita, espiritismo*, compreendeu-se a sua utilidade, e foram imediatamente aceitos pelo público.

Hoje, seu uso está tão generalizado que os próprios adversários, aqueles que no princípio os classificavam de barbarismos, não empregam outros. Os sermões e as pastorais que fulminam o *Espiritismo* e os *espíritas* viriam produzir enorme confusão, se fossem dirigidos ao *espiritualismo* e aos *espiritualistas*.

Bárbaros ou não, esses termos estão hoje incluídos na língua usual e em todas as línguas da Europa; são os únicos empregados em todas as publicações, favoráveis ou contrárias, feitas em todos os países. Eles ocupam o vértice da coluna da nomenclatura da nova ciência; para exprimir os fenômenos especiais dessa ciência, tínhamos necessidade de termos especiais; o Espiritismo hoje possui a sua nomenclatura, tal como a Química.

As palavras *espiritualismo* e *espiritualista*, aplicadas às manifestações dos Espíritos, não são hoje mais empregadas senão pelos adeptos da escola americana.

Dissidências

V. — Essa diversidade, na crença do a que chamais uma ciência, é, parece-me, a sua condenação.

Se ela se baseasse em fatos positivos, não deveria ser a mesma na América e na Europa?

A. K. — A isso responderei, primeiramente, que tal divergência só existe na forma, sem afetar o fundo; realmente, ela apenas se limita ao modo de encarar alguns pontos da doutrina, e não constitui um antagonismo radical nos princípios, como afirmam os nossos adversários, sem ter estudado a questão.

Dizei-me, porém, qual a ciência que, em seu começo, não deu nascimento a dissidências, até que seus princípios ficassem claramente assentados?

Não encontramos as mesmas dissidências nas ciências melhormente constituídas?

Estarão os sábios de perfeito acordo sobre todos os pontos?

Não tem cada qual seus sistemas particulares?

As sessões das Academias apresentam sempre o quadro de perfeito e cordial entendimento?

Em Medicina não há a Escola de Paris e a Escola de Montpellier?

Cada descoberta, em qualquer ciência, não tem produzido cismas entre os que querem adiantar-se e os que desejam estacionar?

Referindo-nos ao Espiritismo, não será natural que, ao surgirem os primeiros fenômenos, quando eram ignoradas as leis que os regem, cada pessoa tivesse um sistema e houvesse encarado os fatos de um modo particular?

Onde estão hoje esses sistemas primitivos?

Caíram todos ante uma observação mais completa.

Bastaram apenas alguns anos para que ficasse estabelecida a unidade grandiosa que hoje prevalece na Doutrina, e que prende a imensa maioria dos adeptos, com exceção de algumas individualidades que, nesta como em todas as coisas, se apegam às idéias primitivas e morrem com elas. Qual a ciência, qual a doutrina filosófica ou religiosa que oferece um exemplo igual?

Apresentou o Espiritismo a centésima parte das cisões que, durante tantos séculos, dilaceraram a Igreja e que ainda hoje a dividem?

É realmente curioso ver as puerilidades a que recorrem os adversários do Espiritismo; não indicará isso uma falta de argumentos sérios?

Se eles os tivessem, não deixariam de fazê-los valer.

Qual o recurso de que lançam mão? Zombarias, negações, calúnias, porém, nunca de um só argumento peremptório; e a prova de ainda lhe não terem achado um ponto vulnerável, é que nada pôde deter-lhe a marcha ascendente e que, apenas com dez anos de vida, ele já conta tal número de adeptos como ainda nenhuma seita contou depois de um século de existência. É fato verificado e reconhecido por seus próprios adversários.

Para aniquilá-lo, não era bastante dizer: isto não se dá, isto é um absurdo; seria necessário demonstrar categoricamente que os fenômenos não se produzem, não podem produzir-se; e é o que ninguém ainda fez.

Fenômenos espíritas simulados

V. — Não estará provado que, fora do Espiritismo, esses mesmos fenômenos podem produzir-se? E disso não podemos concluir que eles não têm a origem que os espíritas lhes atribuem?

A. K. — Por ser uma coisa suscetível de imitação, segue-se que ela não exista?

Que direis da lógica daquele que pretendesse, por se fabricar com água de Seltz vinho de Champanha, ser todo vinho desta espécie apenas água de Seltz?

Isto é privilégio de todas as coisas que apresentam a possibilidade de engendrar falsificações.

Acreditaram alguns prestidigitadores que o nome de *espiritismo*, por causa da sua popularidade e das controvérsias de que era objeto, podia servir a explorações, e para atrair a multidão simularam, mais ou menos grosseiramente, alguns fenômenos de mediunidade, como já tinham simulado a clarividência sonambúlica; e todos os gaiatos os aplaudiram, bradando: *Eis aí o que é o Espiritismo!*

Quando se mostrou em cena a engenhosa aparição dos espectros, não se proclamou que naquilo recebia o Espiritismo um golpe mortal?

Antes de pronunciar tão positiva sentença, deve-se refletir que as asserções de um escamoteador não são palavras de um evangelho, e certificar se há identidade real entre a imitação e a coisa imitada.

Ninguém compra um brilhante sem primeiro estar convencido de não ser uma pedra d'água.

Um estudo, mesmo pouco acurado, tê-los-ia certificado de serem completamente outras as condições em que se dão os fenômenos espíritas; eles, além disso, ficariam sabendo que os espíritas não se ocupam de fazer aparecer espectros nem de ler a *buena-dicha*.

Só a malevolência e uma rematada má-fé puderam confundir o Espiritismo com a magia e a feitiçaria, quando aquele repudia o fim, as práticas, as fórmulas e as palavras místicas destas. Alguns chegaram mesmo a comparar as reuniões espíritas às assembléias do *sabbat*, nas quais se espera o soar da meia-noite, para que os fantasmas apareçam.

Um espírita, meu amigo, assistia um dia a uma representação de *Macbeth*, ao lado de um jornalista que ele não conhecia. Quando chegou a cena das feiticeiras, ele ouviu o vizinho dizer:

— "Belo! Vamos assistir a uma sessão espírita; é justamente o que precisava para o meu próximo artigo; vou saber agora como as coisas se passam. Se eu encontrasse por aqui algum desses loucos, perguntar-lhe-ia se ele se reconhece no quadro que tem ante os olhos."

— "Eu sou um deles, disse-lhe o espírita, e posso asseverar-vos que nada vejo que se lhe pareça; tenho assistido a centenas de reuniões espíritas, e nelas nada encontrei que se assemelha a isto. Se é aqui que vindes colher argumentos para o vosso artigo, assevero-vos que ele não primará pela veracidade."

Muitos críticos não têm bases mais sólidas.

Sobre quem cairá o ridículo, a não ser sobre aqueles que caminham tão estonteadamente?

Quanto ao Espiritismo, seu crédito, longe de sofrer com tais ataques, tem crescido pelos reclamos que lhe fazem, chamando para ele a atenção de muita gente que nem sequer pensava nele; os reclamos provocaram o exame e contribuíram para lhe aumentar o número de adeptos; porque se reconheceu, então, que, em vez de brincadeira, ele era coisa séria.

IMPOTÊNCIA DOS DETRATORES

V. — Convenho que, entre os detratores do Espiritismo, há muita gente inconsciente, como esses que acabais de citar; mas, ao lado deles, não se encontrarão também homens de real valor, cujas opiniões têm certo peso?

A. K. — Não o contesto. A isso respondo que o Espiritismo também conta em suas fileiras muitos homens de não menos real valor; digo-vos, mais, que a imensa maioria dos espíritas se compõe de homens inteligentes e de estudos; só a má-fé pode dizer que seus adeptos são recrutados entre as mulheres simples e as massas ignorantes.

Um fato peremptório responde, além disso, a essa objeção; é que, apesar de todo o saber, de todo o poder oficial, ninguém consegue deter o Espiritismo na sua marcha; e, entretanto, não há um só dos seus contrários, seja ele o mais obscuro folhetinista, que se não tenha lisonjeado com a idéia de dar-lhe um golpe mortal; sem querê-lo, todos, sem exceção, concorreram para a sua vulgarização.

Uma idéia que resiste a tantos assaltos, que avança impávida através da chuva de dardos que lhe atiram, não provará a sua força máscula e a segurança das bases em que se firma? Não será esse fenômeno digno da atenção dos pensadores?

Também, já hoje, muitos deles avançam que deve haver nisso alguma coisa de real, que talvez seja um desses grandes movimentos irresistíveis que, de tempos a tempos, abalam as sociedades para transformá-las.

Isto se tem dado sempre com todas as idéias novas, chamadas a revolucionar o mundo; forçosamente elas encontram obstáculos, porque lutam contra os interesses, os prejuízos, os abusos que elas vêm destruir; porém, como estão nos desígnios de Deus, para que se cumpra a lei do progresso da humanidade, chegada a hora, nada as poderá deter; é a prova de serem a expressão da verdade.

Essa impotência dos adversários do Espiritismo prova primeiramente, como já disse, que lhes faltam boas razões; pois que as que lhe opõem, não são convincentes; ela dimana ainda de outra causa, que inutiliza todas as suas combinações. Admiram-se de ver o desenvolvimento dessa doutrina, apesar de tudo o que fazem para contê-la, e não podem achar o motivo por não o buscarem onde ele realmente está. Uns crêem encontrá-lo no grande poder do diabo, que assim se apresenta mais forte que eles, e, mesmo, mais forte que Deus; outros, no aumento da alucinação humana.

O erro de todos está em crerem que a fonte do Espiritismo é uma só, e que se baseia na opinião de um só homem; daí a idéia de que poderão arruiná-lo, refutando essa opinião; eles procuram na Terra uma coisa que só achariam no Espaço; essa fonte do Espiritismo não se acha num ponto, mas em toda parte, porque não há lugar em que os Espíritos se não possam manifestar, em todos os países, nos palácios e nas choupanas.

A verdadeira causa está, pois, na própria natureza do Espiritismo cuja força não provém de uma só fonte, mas permite a cada qual receber diretamente comunicações dos Espíritos e por elas certificar-se da veracidade do fato.

Como persuadir a milhões de indivíduos que tudo isso não é mais que comédia, charlatanismo, escamoteação, prestidigitação, quando, sem o concurso de estranhos, são eles próprios que obtêm tais resultados? É possível fazê-los crer que eles se mistifiquem a si mesmos, que a si mesmos procurem enganar fazendo o papel de charlatães e escamoteadores?

Essa universalidade das manifestações dos Espíritos, que surgem em todos os pontos do globo para desmentir os detratores e confirmar os princípios da Doutrina, é uma força que não podem explicar aqueles que desconhecem o mundo invisível, assim como os que desconhecem as leis dos fenômenos elétricos não compreendem a rapidez com que se transmite um despacho telegráfico; é de encontro a essa força que todas as negações se vêm quebrar, porque elas se equiparam às asserções de quem pretendesse afirmar, aos que sentem a ação dos raios solares, que o Sol não existe.

Fazendo abstração das qualidades da Doutrina, que agrada muito mais que as que se lhe opõem, vede nisso a causa dos insucessos dos que tentam deter-lhe a marcha; para que triunfassem, era-lhes mister impedir que os Espíritos se manifestassem.

Eis o motivo por que os espíritas ligam tão pouca importância às manobras dos seus adversários; eles têm por si a experiência e o peso dos fatos.

O MARAVILHOSO E O SOBRENATURAL

V. — O Espiritismo tende, evidentemente, a fazer reviver as crenças fundadas no maravilhoso e no sobrenatural; ora, no século positivo em que vivemos, isto me parece difícil, porque é exigir que se acredite nas superstições e nos erros populares, já condenados pela razão.

A. K. — Uma idéia só é supersticiosa quando falsa; mas cessa de o ser desde que passe a ser uma verdade reconhecida.

A questão está em saber se os Espíritos se manifestam, ou não; ora, isso não pode ser tachado de superstição, antes de ficar provado que não existem espíritos.

Direis: a minha razão não aceita essas comunicações; porém, os que crêem e que não são nenhuns mentecaptos invocam também as suas razões e, além disso, os fatos; para que lado se deve pender? O grande juiz, nesta questão, é o futuro — como tem sido em todas as questões científicas e industriais classificadas como absurdas e impossíveis em sua origem.

Pretendeis julgar *a priori* segundo a vossa opinião; nós só o fazemos depois de, por muito tempo, ter visto e observado. Acresce que o Espiritismo esclarecido, como o é hoje, procura, ao contrário, destruir as idéias supersticiosas, mostrando o que há de real ou de falso nas crenças populares, denunciando o que nelas existe de absurdo, fruto da ignorância e dos preconceitos.

Vou mais longe e digo que é precisamente o positivismo do nosso século que faz com que adotemos o Espiritismo, e que este deve, em parte, àquele a rapidez da sua propagação, antes que, como alguns pretendem, a uma recrudescência do amor ao maravilhoso e ao sobrenatural.

O sobrenatural desaparece à luz do facho da Ciência, da Filosofia e da Razão, como os deuses do paganismo ante o brilho do Cristianismo. Sobrenatural é tudo o que está fora das leis da Natureza. O positivismo nada admite que escape à ação dessas leis; mas, porventura, ele as conhece a todas?

Em todos os tempos foram reputados sobrenaturais os fenômenos cuja causa não era conhecida; pois bem: o Espiritismo vem revelar uma nova lei, segundo a qual a conversação com o Espírito de um morto é um fato tão natural, como o que se dá por intermédio da eletricidade, entre dois indivíduos separados por uma distância de cem léguas; o mesmo acontece com os outros fenômenos espíritas.

O Espiritismo repudia, nos limites do que lhe pertence, todo efeito maravilhoso, isto é, fora das leis da Natureza; ele não faz milagres nem prodígios, antes explica, em virtude de uma dessas leis, certos efeitos, demonstrando, assim, a sua possibilidade. Ele amplia, igualmente, o domínio da Ciência, e é nisto que ele próprio se torna uma ciência; como, porém, a descoberta dessa nova lei traz conseqüências morais, o código das conseqüências faz dele, ao mesmo tempo, uma doutrina filosófica.

Deste último ponto de vista, ele corresponde às aspirações do homem, no que se refere ao seu futuro; e como a sua teoria do futuro repousa sobre bases positivas e racionais, ela agrada ao espírito positivo do nosso século.

É o que compreendereis, quando vos derdes ao trabalho de estudá-lo. (*O Livro dos Médiuns*, cap. II; *Revue Spirite*, dezembro de 1861, pág. 393, e janeiro de 1862, pág. 21.)

Oposição da Ciência

V. — Vós vos apoiais em fatos, dissestes; mas opõe-se-vos a opinião dos sábios que os contestam, ou os explicam de modo diferente do vosso.

Por que não fixaram eles sua atenção sobre o fenômeno das mesas girantes?

Se nisso tivessem notado alguma coisa de sério, parece-me que não desprezariam fatos tão extraordinários e nem os repeliriam com desdém; no entanto, são todos eles contra vós.

Os sábios não serão o farol das nações, e não têm o dever de esclarecê-las?

A que atribuís que tenham deixado de fazê-lo, quando se lhes apresentava tão bela ocasião de revelar ao mundo a existência de uma nova força?

A. K. — Traçastes o dever dos sábios de modo admirável; é pena, porém, que eles o tenham esquecido em mais de uma circunstância.

Mas, antes de responder à vossa judiciosa observação, cumpre-me corrigir um grave erro que cometestes dizendo que todos os sábios são contra nós.

Como vos disse há pouco, é precisamente na classe ilustrada que o Espiritismo faz maior número de prosélitos, isto em todos os países; já ele conta entre seus adeptos grande número de médicos de todas as nações, e ninguém nega que os médicos sejam homens de ciência; os magistrados, os professores, os artistas, os homens de letras, os oficiais, os altos funcionários, os grandes dignitários, os eclesiásticos, etc., que se agrupam ao redor da sua bandeira, não são pessoas em quem se não deva reconhecer uma certa dose de ilustração. Admite-se erroneamente que os sábios só se encontram na ciência oficial e nos corpos constituídos.

Pelo fato de ainda não ter o Espiritismo adquirido direito de cidade na ciência oficial, merecerá ser condenado?

Se nunca a Ciência se houvesse enganado, sua opinião nesse sentido teria grande peso na balança; infelizmente, a experiência prova o contrário.

Não repeliu ela como quimeras tantas descobertas que, mais tarde, se tornaram título de glória para os seus autores?

Não foi devido a um parecer do nosso primeiro corpo sábio que a França se absteve da iniciativa do vapor?

Quando Fulton veio ao campo de Bolonha apresentar o seu plano a Napoleão I, que confiou o exame imediato ao Instituto, não decidiu este que aquilo era uma utopia, com o que se não devia ocupar?

Devemos daí concluir que os membros do Instituto são ignorantes e que sejam justificados os epítetos triviais que, à força de mau gosto, certas pessoas se comprazem em prodigalizar-lhes?

Certo que não; não há pessoa sensata que não faça justiça ao seu saber eminente, sem, contudo, deixar de reconhecer que eles não são infalíveis e, portanto, que as suas sentenças não estão isentas de apelação, sobretudo no que se refere a idéias novas.

V. — Admito perfeitamente que eles não sejam infalíveis; mas não é menos verdade que, em virtude do seu saber, sua opinião vale alguma coisa, e que, se ela estivesse do vosso lado, daria grande peso ao vosso sistema.

A. K. — Concordai, também, que ninguém pode ser bom juiz naquilo que está fora da sua competência.

Se quiserdes edificar uma casa, confiareis esse trabalho a um músico?

Se estiverdes enfermo, far-vos-eis sangrar por um arquiteto?

Quando estais a braços com um processo, ides consultar um dançarino?

Finalmente, quando se trata de uma questão de teologia, alguém irá pedir a solução a um químico ou a um astrônomo?

Não; cada um tem a sua especialidade.

As ciências vulgares repousam sobre as propriedades da matéria, que se pode, à vontade, manipular; os fenômenos que ela produz têm por agentes forças materiais.

Os do Espiritismo têm, como agentes, inteligências que têm independência, livre-arbítrio e não estão sujeitas aos nossos caprichos; por isso eles escapam aos nossos processos de laboratório e aos nossos cálculos, e, desde então, ficam fora dos domínios da ciência propriamente dita.

A Ciência enganou-se quando quis experimentar os Espíritos, como experimenta uma pilha voltaica; foi malsucedida como devia sê-lo, porque agiu visando uma analogia que não existe; e depois, sem ir mais longe, concluiu pela negação, juízo temerário que o tempo se encarregou de ir emendando diariamente, como já tem emendado outros; e, àqueles que o preferiram, restará a vergonha do erro de se haverem levianamente pronunciado contra o poder infinito do Criador.

As corporações sábias não podem nem jamais poderão pronunciar-se nesta questão; ela está tão fora dos limites do seu domínio como a de decretar se Deus existe ou não; é, pois, um erro fazê-las juiz dela.

O Espiritismo é uma questão de crença pessoal que não pode depender do voto de uma assembléia, porque esse voto, embora lhe fosse favorável, não tem o poder de forçar convicções.

Quando a opinião pública se tiver formado a respeito, os membros dessas corporações a aceitarão sob o poder dos fatos.

Deixai passar esta geração, levando os prejuízos do seu obstinado amor-próprio, e vereis que se há de dar com o Espiritismo o mesmo que se deu com tantas outras verdades, tão combatidas e de que hoje seria ridículo duvidar. Hoje, chamam loucos aos crentes; amanhã, será a vez dos que não crerem; foi o mesmo que se deu com os que acreditavam no movimento de rotação da Terra. Nem todos os sábios, porém, julgaram do mesmo modo; e notai que agora chamo sábios aos homens de estudo e saber, tenham ou não tenham um título oficial.

Muitos fizeram o seguinte raciocínio:

"Não há efeito sem causa, e os efeitos mais vulgares podem conduzir-nos à solução dos mais difíceis problemas.

"Se Newton não tivesse prestado atenção à queda de uma maçã; se Galvani tivesse repelido sua serva e lhe chamasse visionária e louca, quando esta lhe falou das rãs que dançavam no prato, talvez ainda estivéssemos sem conhecer a admirável lei da gravitação universal e as fecundas propriedades da pilha elétrica.

"O fenômeno, burlescamente designado sob o nome de dança das mesas, não é mais ridículo que a dança das rãs, e, talvez, encerre alguns desses segredos da Natureza, que, quando se tem a chave para explicá-los, revolucionam a Humanidade."

Eles disseram ainda:

"Já que tanta gente se ocupa com eles, e homens notáveis fizeram deles o objeto do seu estudo, é preciso que alguma coisa de verdade se encontre em tais fenômenos; uma ilusão, uma farsa, se o quiserem, não pode ter esse caráter de generalidade; seria divertimento para certo círculo, para certa sociedade, mas não daria a volta ao mundo.

"Guardemo-nos, pois, de negar a possibilidade do que não compreendemos, com receio de receber, mais cedo ou mais tarde, o desmentido que desabonaria nossa perspicácia."

V. — Perfeitamente; eis aí um sábio raciocinando com sabedoria e prudência; e, sem ser sábio, eu penso igualmente; notai, porém, que ele nada afirma, mas duvida; ora, qual é a base em que se firma a crença na existência dos Espíritos e, sobretudo, na sua comunicação conosco?

A. K. — Essa crença apóia-se sobre o raciocínio e sobre os fatos. Eu próprio não a adotei senão depois de meticuloso exame. Tendo adquirido, no estudo das ciências exatas, o hábito das coisas positivas, sondei, perscrutei esta nova ciência nos seus mais íntimos refolhos; busquei explicar-me tudo, porque não costumo aceitar idéia alguma sem lhe conhecer o como e o porquê.

Eis o raciocínio que me fazia um sábio médico, outrora incrédulo e hoje fervoroso adepto:

"Dizem que seres invisíveis se comunicam; por que negá-lo?

"Antes de inventar-se o microscópio, suspeitava alguém que existissem esses milhares de animálculos que causam tantos estragos à economia?

"Onde a impossibilidade material de haver no espaço seres que escapem aos nossos sentidos?

"Teremos, acaso, a ridícula pretensão de saber tudo, e de dizer que Deus nada mais nos pode revelar?

"Se esses seres invisíveis que nos rodeiam, são inteligentes, por que não poderão comunicar-se conosco? Se estão em relação com os homens, devem desempenhar um papel no seu destino, nos acontecimentos da vida destes. Quem sabe se eles não constituem uma das potências da Natureza, uma dessas forças ocultas de que nem suspeitávamos?

"Que novo horizonte vai abrir-se ao pensamento! Que campo tão vasto de observação!

"A descoberta do mundo dos invisíveis tem muito mais alcance que a dos infinitamente pequenos; ela é mais que uma descoberta, é uma revolução nas idéias.

"Quanta luz pode projetar essa descoberta? Quantas coisas misteriosas explicadas?

"Os crentes são ridiculizados, mas que valor tem isso, quando o mesmo se tem dado a respeito de todas as grandes descobertas?

"Cristóvão Colombo não foi repelido, sobrecarregado de desgostos, tratado como insensato?

"São idéias tão estranhas, dizem, que não se lhes deve dar crédito; mas a isso se pode responder que data de meio século a possibilidade de, em alguns minutos, estabelecer-se correspondência entre dois pontos opostos do nosso planeta; em algumas horas, atravessar-se a França; com o vapor produzido por um pouco de água fervente, um navio avançar contra o vento; e tirarmos da água os meios de iluminar-nos e aquecer-nos.

"Quem, há meio século, se tivesse proposto iluminar toda a cidade de Paris em um instante e com um só reservatório de uma substância invisível, apenas conseguiria fazer rir de si.

"Será isso, porventura, coisa mais prodigiosa que o espaço ser povoado pelos seres pensantes que, depois de haverem vivido na Terra, nela deixaram seu invólucro material?

"Não se achará neste fato a explicação de tantas crenças que existem desde os mais remotos tempos?

"São coisas que bem merecem estudo aprofundado."

Eis as reflexões de um sábio, mas de um sábio sem pretensão; elas são igualmente feitas por muitos outros homens esclarecidos; estes viram, não superficialmente e de ânimo prevenido; estudaram seriamente, sem partido fixo, e tiveram a modéstia de não dizer: não compreendemos, isto não pode ser a verdade. Sua convicção formou-se pela observação e pelo raciocínio. Se essas idéias fossem uma quimera, acreditais que todos esses homens sisudos as tivessem adotado? Que, por tanto tempo, pudessem ser vítimas de uma ilusão?

Não há, pois, impossibilidade material de existirem seres invisíveis para nós, povoando o espaço, e esta só consideração devia bastar para exigir mais circunspeção.

Quem, há bem pouco, poderia pensar que uma só gota de água límpida encerrasse milhares de seres, cuja pequenez extrema nos confunde a imaginação?

Ora, eu digo que há mais dificuldade em conceber a nossa razão seres de tal tenuidade, providos de todos os nossos órgãos e funcionando como nós, do que admitir aqueles a quem damos o nome de Espíritos.

V. — Sem dúvida, mas por ser uma coisa possível, não devemos concluir que exista.

A. K. — É exato; mas não podeis deixar de convir que, desde que uma coisa não é impossível, já ela avançou, porque a razão não a repele. Resta, pois, averiguá-la pela observação dos fatos. Ora, essa observação não é nova: tanto a história sagrada quanto a profana provam a antiguidade e a universalidade dessa crença, que se perpetuou através de todas as vicissitudes por que tem passado o mundo, e se mostra, entre os mais selvagens povos, no estado de idéias inatas e intuitivas, e tão gravadas no pensamento como a do Ente Supremo e a da existência futura.

O Espiritismo, pois, não é uma criação moderna; tudo prova que os antigos o conheciam tão bem, ou talvez melhor que nós; somente ele não era ensinado, senão com precauções misteriosas que o tornavam inacessível ao vulgo, abandonado de propósito no lamaçal da superstição.

Quanto aos fatos, eles são de duas naturezas: uns espontâneos e outros provocados. Entre os primeiros estão as visões e as aparições, tão freqüentes; os ruídos, barulhos e movimentações de objetos, sem causa material, e grande número de efeitos insólitos que olhávamos como sobrenaturais e hoje nos parecem simples, porque não admitimos o sobrenatural, visto como tudo se submete às leis imutáveis da Natureza. Os fatos provocados são os obtidos por intermédio de médiuns.

Falsas explicações dos fenômenos

Alucinação. — Fluido magnético. — Reflexo do pensamento — Superexcitação cerebral. — Estado sonambúlico dos médiuns.

V. — É contra os fenômenos provocados que principalmente a crítica se levanta.

Ponhamos de lado toda suposição de charlatanismo, e admitamos a mais completa boa-fé; não será possível que os médiuns sejam vítimas de uma alucinação?

A. K. — Ignoro que já se tenha claramente explicado o mecanismo da alucinação.

Da forma como querem defini-la, ela não deixa de ser um efeito singularíssimo e digno de estudo.

É pena, porém, que aqueles que por meio dela pretendem dar conta dos fenômenos espíritas, não possam antes apresentar a explicação deles.

Há, além disso, fatos que escapam a essa hipótese: quando a mesa ou outro objeto se move, se ergue, ou bate; quando a dita mesa, à vontade, passeia por uma câmara, sem que pessoa alguma lhe toque; quando ela se destaca do solo e se suspende no espaço, sem ponto de apoio; enfim, quando, ao cair, se despedaça, tudo isso não pode ser o efeito de uma alucinação.

Suponho que o médium, por um produto da sua imaginação, creia ver o que não existe. Será admissível que todos os presentes sejam, ao mesmo tempo, vítimas da mesma vertigem? E quando o mesmo fato se reproduz por toda parte, em todos os países? A ser assim, essa alucinação seria prodígio maior que o próprio fato.

V. — Admitindo a realidade do fenômeno das mesas que giram e falam, não será mais racional atribuí-lo à ação de um fluido qualquer, do magnético, por exemplo?

A. K. — Tal foi o primeiro pensamento que tive, como tantos outros.

Se tudo se limitasse a esses efeitos materiais, não há dúvida de que poderiam ser assim explicados; porém, quando esses movimentos e golpes nos deram provas de inteligência; quando se reconheceu que respondiam ao pensamento com inteira liberdade, foi-se levado a tirar a seguinte conclusão:

"Se todo efeito tem uma causa, o efeito inteligente tem uma causa inteligente."

Poderão tais fenômenos ser produzidos por um fluido, sem se admitir que esse fluido seja dotado de inteligência?

Quando vedes os aparelhos do telégrafo fazerem sinais transmitindo o pensamento, bem compreendeis que esses aparelhos, de ferro ou de madeira, não são inteligentes, mas que é uma inteligência quem os faz mover. Dá-se o mesmo com as mesas a que nos referimos. Dão-se, ou não, efeitos inteligentes? Esta a questão.

Os que contestam, são pessoas que nada viram ainda e se apressam a concluir, segundo suas idéias particulares e baseadas, quando muito, em observação superficial.

V. — Pode-se responder que, se há um efeito inteligente, este pode ser um reflexo da inteligência, seja do médium, seja de quem interroga, ou mesmo dos assistentes; porque, dizem, a resposta recebida estava sempre no pensamento de alguém.

A. K. — É ainda um erro, filho da falta de observação.

Se os que assim pensam se tivessem dado ao trabalho de estudar o fenômeno em todas as suas fases, não deixariam de reconhecer, a cada passo, a independência absoluta da inteligência que se manifesta.

Como conciliar essa tese com as respostas obtidas, tão fora do alcance intelectual e da instrução do médium? respostas que vão de encontro às suas idéias, desejos e opiniões, ou que destroem completamente as previsões dos assistentes? Quando os médiuns escrevem em uma língua que não conhecem, ou escrevem na sua própria quando não sabem ler nem escrever? À primeira vista, essa opinião nada tem de irracional, convenho, mas é desmentida por um conjunto de fatos tão concludentes que, diante deles, é impossível duvidar. Além disso, mesmo admitindo-se essa teoria, o fenômeno, longe de ser simplificado, seria muito mais prodigioso.

Pois quê! o pensamento poderá refletir-se sobre uma superfície, como a luz, o som, o calórico?!

Em verdade, havia nisto um motivo para a Ciência exercer a sua sagacidade.

E depois ainda o maravilhoso seria maior, porque, achando-se presentes vinte pessoas, será o pensamento desta ou daquela que é refletido, ou o desta ou daquela outra? Tal sistema é insustentável.

É realmente curioso ver-se os contraditores empenharem-se na busca de causas, cem vezes mais extraordinárias e incompreensíveis do que aquelas que se lhes apresenta.

V. — Não será admissível, segundo querem alguns, que o médium se ache em estado de crise e goze certa lucidez, que lhe dá a percepção sonambúlica — espécie de dupla vista —, que aliás nos pode explicar a ampliação momentânea de suas faculdades intelectuais? Por que, dizem, as comunicações obtidas pelos médiuns não vão além do alcance das que nos dão os sonâmbulos?

A. K. — É ainda esse um desses sistemas que não resistem a um exame aprofundado. O médium nem se acha em crise nem dorme, mas está perfeitamente acordado, agindo e pensando como os outros, sem nada apresentar de extraordinário. Certos efeitos particulares deram lugar a essa suposição; porém, quem se não limitar a julgar as coisas, por uma só face, reconhecerá sem dificuldade que o médium é dotado de uma faculdade particular, que não permite confundi-lo com o sonâmbulo, sendo a independência do seu pensamento demonstrada por fatos da maior evidência.

Abstraindo das comunicações escritas, qual o sonâmbulo que fez alguma vez sair um pensamento de um corpo inerte? Qual deles pôde produzir aparições visíveis e, mesmo, tangíveis? Qual fez que um corpo pesado se mantivesse suspenso no ar, sem ponto de apoio?

Será por efeito sonambúlico que certo médium desenhou, um dia, em minha casa e na presença de vinte testemunhas, o retrato de uma jovem, morta havia dezoito meses e a quem ele não conhecera, retrato reconhecido pelo próprio pai da jovem, presente então à sessão? Será por efeito do mesmo gênero que uma mesa responde com precisão às questões propostas, mesmo feitas mentalmente? Certamente, se admitirmos que o médium se ache em estado magnético, parece-me difícil crer que a mesa seja sonâmbula.

Dizem, ainda, que os médiuns só falam com clareza daquilo que é conhecido. Como explicar o fato seguinte e cem outros da mesma espécie? — Um dos meus amigos, muito bom médium escrevente, perguntou a um Espírito se uma pessoa que ele tinha perdido de vista, havia quinze anos, era ainda deste mundo.

"Sim, ainda vive, foi-lhe respondido; mora em Paris, rua tal, número tanto."

Ele foi e encontrou a pessoa no lugar indicado.

Seria isso uma ilusão?

Seu pensamento poderia sugerir-lhe tal resposta, quando, por causa da idade da pessoa por quem ele perguntava, havia toda a probabilidade de ela não existir mais?

Se, em certos casos, vemos respostas combinarem com o pensamento de quem pergunta, será racional concluirmos que isso seja uma lei geral?

Nisso, como em todas as coisas, são sempre perigosos os juízos precipitados, porque eles podem ser desmentidos pelos fatos que ainda se não observaram.

NÃO BASTA QUE OS INCRÉDULOS VEJAM PARA QUE SE CONVENÇAM

V. — O que os incrédulos desejam ver, pedem, e na maioria das vezes não se lhes fornece, são os fatos positivos. Se todos testemunhassem esses fatos, a dúvida não mais seria permitida. Como é que tanta gente, apesar de sua vontade, nada tem conseguido ver?

Apresentam-lhes como motivo, dizem eles, a sua falta de fé; ao que respondem, e com razão: que não podem ter fé antecipada e que se lhes deve dar os meios para poderem crer.

A. K. — É simples a razão. Eles querem que os fatos obedeçam à sua ordem e a Espíritos não se pode dar ordens; é preciso esperar pela boa vontade deles.

Não basta dizer: Mostrai-me tal fato e eu crerei; é necessário ter-se a vontade de perseverar, deixar que os fatos se produzam espontaneamente, sem pretender forçá-los ou dirigi-los; aquele que mais desejais será, talvez, precisamente o que não obtereis; virão, porém, outros, e o que quereis se apresentará, quando menos o esperardes.

Aos olhos do observador atento e assíduo surgem eles inumeráveis, corroborando-se uns aos outros; mas quem acreditar que basta tocar a manivela, para fazer que a máquina ande, engana-se redondamente.

Que faz o naturalista quando quer estudar os hábitos de um animal? Mandá-lo-á fazer tal ou qual coisa, para com vagar observá-lo à sua vontade? Não; porque bem sabe que o animal não lhe obedecerá; mas espreita as manifestações espontâneas do instinto do animal; espera-as e colhe-as na passagem. O simples bom-senso mostra que, com mais forte razão, deve proceder-se do mesmo modo com os Espíritos, que são inteligências muito mais independentes que as dos animais.

É erro crer que se exija fé antecipada de quem quer estudar; o que se exige é *boa-fé*, aliás coisa diversa; ora, há cépticos que negam até a evidência e aos quais os próprios prodígios não convenceriam.

Quantos deles, depois de haverem visto, não persistem ainda em explicar os fatos a seu modo, dizendo que o que viram nada prova? Essas pessoas só servem para trazer perturbação ao seio das reuniões, sem que elas mesmas lucrem coisa alguma; por isso, deixamo-las à margem, por não querermos com elas perder nosso tempo.

Muitos até ficariam incomodados, se se vissem forçados a crer, por terem de ferir seu amor-próprio com a confissão de se haverem enganado.

Que se pode responder a quem não vê por toda parte senão ilusão e charlatanismo? Nada; é melhor deixá-los tranqüilos e dizerem tanto quanto quiserem, que nada viram, e, mesmo, que nada se pôde ou se quis mostrar-lhes.

Ao lado desses cépticos endurecidos estão os que querem ver a seu modo, que, tendo formado uma opinião, pretendem por ela explicar tudo; estes não compreendem que os fenômenos se possam dar contrariamente ao seu desejo; não sabem ou não querem colocar-se nas condições precisas para obtê-los.

Quem de boa-fé deseja observar, deve, não digo crer sob palavra, mas abandonar toda idéia preconcebida e não querer comparar coisas incompatíveis; cumpre-lhe aguardar, seguir, observar com paciência infatigável; esta condição é também favorável aos que se tornam adeptos, pois que ela prova não haverem formado levianamente a sua convicção. Disponde vós de tal paciência? Não, e direis: por falta de tempo. Então não vos ocupeis, não faleis mais nisso, pois ninguém a tal vos obriga.

Boa ou má vontade dos Espíritos para convencer

V. — Os Espíritos devem almejar fazer prosélitos; por que não se prestam, melhormente, aos meios de convencer certas pessoas, cuja opinião teria grande influência?

A. K. — É por julgarem que, naquele momento, não devem fornecer provas às pessoas a quem não ligam a importância que elas pretendem ter.

É isso pouco lisonjeiro, convenho, porém não temos o direito de impor-lhes a nossa opinião; os Espíritos têm sua maneira de julgar as coisas, a qual nem sempre se coaduna com a nossa; eles vêem, pensam e agem segundo outros elementos; ao passo que a nossa vista é circunscrita pela matéria, limitada pela estreiteza do círculo em que vivemos, eles abrangem o conjunto; o tempo, que nos parece tão longo, é para eles um instante; a distância, um simples passo, e certos pormenores, para nós de importância extrema, são futilidades a seus olhos; em compensação, ligam às vezes importância a coisas cujo verdadeiro alcance nos escapa.

Para compreendê-los é preciso nos elevarmos pelo pensamento acima do horizonte material e moral, colocarmo-nos no seu ponto de vista, pois que não são eles que devem descer ao nosso nível, mas subirmos nós até eles, é o que nos ensinam o estudo e a observação.

Os Espíritos gostam dos observadores assíduos e conscienciosos; para estes multiplicam eles as fontes de luz; o que os afugenta não é a dúvida que nasce da ignorância, é a fatuidade desses pretensos observadores que nada observam, que desejam colocá-los no banco dos réus e fazê-los moverem-se como títeres; é o sentimento de hostilidade e descrédito que exista em seus pensamentos, quando o não traduzam por palavras.

Por sua causa os Espíritos nada fazem, pouco se importando com o que possam dizer ou pensar, porque o seu dia também chegará.

Por isso vos dizia eu que não é a fé antecipada o que pedimos, mas, sim, a boa-fé.

Origem das idéias espíritas modernas

V. — Uma coisa que eu desejava saber, meu amigo, é o ponto de partida das idéias espíritas modernas; serão elas filhas de uma revelação espontânea dos Espíritos, ou o resultado de uma crença prévia na existência deles?

Compreendeis a importância de minha pergunta; porque, neste último caso, é admissível que a imaginação possa nisso ter desempenhado seu papel.

A. K. — Como dissestes, essa questão tem importância, no ponto de vista em que vos achais, ainda que seja difícil acreditar-se, supondo essas idéias nascidas de uma crença antecipada, que a imaginação pudesse produzir todos os resultados materiais observados.

De fato, se o Espiritismo fosse fundado no pensamento preconcebido da existência dos Espíritos, poder-se-ia, com alguma aparência de razão, duvidar da sua veracidade; porque, se o princípio fosse uma quimera, as conseqüências dele emanadas também o seriam; mas as coisas não se passaram assim. Notai, em primeiro lugar, que essa marcha seria totalmente ilógica; os Espíritos são a causa e não o efeito; quando se vê um efeito, pode-se procurar-lhe a causa, mas não é natural imaginar-se uma causa antes de lhe ter visto os efeitos. Não era, pois, possível conceber o pensamento da existência dos Espíritos, se efeitos não se tivessem mostrado, que achassem explicação provável na existência de seres invisíveis.

Pois bem! não foi mesmo deste modo que nasceu tal pensamento; isto é, não foi ele uma hipótese imaginada com o fim de explicar certos fenômenos; a primeira suposição feita, foi a de uma causa material.

Assim, longe de que os Espíritos fossem uma idéia preconcebida, partiu-se, para chegar a eles, do ponto de vista materialista. Não se podendo, porém, por este meio explicar tudo, somente a observação conduziu à causa espiritual.

Falo das idéias espíritas modernas; pois sabemos que essa crença é tão velha quanto o mundo.

Eis a marcha das coisas: fenômenos espontâneos se produziram, tais como ruídos estranhos, pancadas, movimentos de objetos, etc., sem causa ostensiva conhecida, realizando-se sob a influência de certas pessoas. Nada, até aí, autorizava a buscar-se-lhes a causa fora da ação de um fluido magnético ou outro qualquer, de propriedade ainda desconhecida. Não se tardou, porém, a reconhecer nesses ruídos e movimentos um caráter intencional e inteligente, do que se concluiu, como já o disse, que: Se todo efeito tem uma causa, todo efeito inteligente tem uma causa inteligente. Esta inteligência não podia estar no objeto, porque a matéria não é inteligente. Seria o reflexo da pessoa ou das pessoas presentes?

Assim se julgou no começo, como já igualmente vo-lo disse; só a experiência podia pronunciar-se, e ela demonstrou por provas irrecusáveis, em muitas circunstâncias, a completa independência da inteligência que se manifesta. Ela não pertencia, pois, nem ao objeto nem à pessoa. Quem era então? Ela própria respondeu, declarando pertencer aos seres incorpóreos chamados Espíritos.

A idéia dos Espíritos não preexistia, nem mesmo lhe foi consecutiva; em uma palavra, não nasceu do cérebro de ninguém, mas nos foi dada pelos Espíritos mesmos, e tudo o que soubemos depois, a seu respeito, foi-nos por eles ensinado.

Uma vez revelada a existência dos Espíritos e estabelecidos os meios de nos comunicarmos com eles, pôde-se entreter conversações seguidas e obter informações sobre a natureza desses seres, condições de sua existência e seu papel no mundo visível.

Se assim pudéssemos interrogar os seres do mundo dos infinitamente pequenos, quantas coisas curiosas não ficaríamos sabendo sobre eles!

Suponhamos que, antes da descoberta da América, um fio elétrico estivesse estabelecido através do Atlântico, e que na sua extremidade européia se houvessem produzido alguns sinais inteligentes, e ter-se-ia logo concluído que na outra extremidade se achavam seres inteligentes, que desejavam comunicar-se; teríamos interrogado e eles teriam respondido. Ficaríamos assim com a certeza da sua existência, e podia-se adquirir o conhecimento dos seus costumes, usos e modos de ser, apesar de nunca os havermos visto.

Foi o que se deu nas relações com o mundo invisível: as manifestações materiais foram sinais e meios de aviso que nos conduziram a comunicações mais regulares e mais seguidas.

E — coisa notável — à medida que meios de mais fácil comunicação se acham ao nosso dispor, os Espíritos abandonam os primitivos, insuficientes e incômodos, qual o mudo que, recuperando a palavra, renuncia à linguagem dos sinais.

Quem eram os habitantes desse mundo? Eram seres à parte, estranhos à Humanidade? Eram bons ou maus?

Foi ainda a experiência quem se encarregou da solução de tais problemas; mas, até que observações numerosas tivessem derramado luz sobre o assunto, o campo das conjeturas e dos sistemas esteve aberto, e Deus sabe quantos surgiram! Uns creram ser os Espíritos superiores em tudo, outros, neles só viram demônios; era só por suas palavras e atos que podiam julgá-los.

Suponhamos que dentre os desconhecidos habitantes transatlânticos, de que acabamos de falar, uns tenham dito muito boas coisas, ao passo que outros se faziam notar pelo cinismo da linguagem; ter-se-ia logo concluído que entre eles havia bons e maus.

Foi o que aconteceu com os Espíritos; foi assim que se reconheceu entre eles todos os graus de bondade e malvadez, de saber e ignorância.

Uma vez bem informados acerca dos defeitos e das boas qualidades que entre eles se encontram, *cabe à nossa prudência distinguir o que é bom do que é mau, o verdadeiro do falso em suas relações conosco, absolutamente como procedemos a respeito dos homens.*

A observação não nos esclareceu somente sobre as qualidades morais dos Espíritos, mas, também, sobre a sua natureza e sobre o que podemos chamar estado fisiológico. Ficou-se sabendo, por eles mesmos, que uns são muito felizes e outros muito desgraçados; que não são seres à parte, de natureza excepcional e, sim, as almas daqueles que já viveram na Terra, onde deixaram seu invólucro corpóreo, e que hoje povoam os espaços, nos cercam, nos acotovelam sem cessar, e, dentre eles, cada qual pode, por sinais incontestáveis, reconhecer *seus parentes e amigos e os que conhecera na Terra*; pode-se acompanhá-los em todas as fases de sua existência de além-túmulo, desde o instante em que abandonam o corpo, e observar sua situação segundo o gênero de morte e modo pelo qual viveram na Terra.

Enfim, soube-se que eles não são entes abstratos, imateriais, no sentido absoluto da palavra; possuem um invólucro, a que chamamos *perispírito*, espécie de corpo fluídico, vaporoso, diáfano, invisível no estado normal, que, em certos casos e por uma espécie de condensação ou de disposição molecular, pode tornar-se momentaneamente visível e mesmo tangível, e, desde então, ficou explicado o fenômeno das aparições e do contato.

Enquanto dura o corpo, esse invólucro é um laço que o prende ao Espírito; quando, porém, o corpo morre, a alma ou o Espírito, que é a mesma coisa, abandona-o, sem, contudo, deixar o primeiro envoltório, do mesmo modo como despimos as peças exteriores da nossa roupa, para só conservarmos as interiores; assim como o fruto despojado do invólucro cortical conserva ainda o *perisperma*.

É esse invólucro semimaterial do Espírito que lhe serve de meio para a produção de diferentes fenômenos, pelos quais ele se nos manifesta.

Tal é, em poucas palavras, cavalheiro, a história do Espiritismo; bem vedes, e reconhecereis ainda melhor quando o tiverdes estudado a fundo, que tudo nele é o resultado da observação e não de um sistema preconcebido.

Meios de comunicação

V. — Falastes de meios de comunicação; podereis dar-me disso uma idéia, porquanto é difícil compreender como podem esses seres invisíveis conversar conosco?

A. K. — De boa vontade; vou fazê-lo, contudo, abreviadamente, porque isto exigiria prolongado desenvolvimento, que encontrareis minuciosamente em *O Livro dos Médiuns*. Mas o pouco que eu vos disser, agora, bastará para facilitar-vos a compreensão do mecanismo e servirá, sobretudo, para vos dar uma idéia de algumas das experiências, a que podereis assistir, antes de começar a vossa iniciação. A existência desse envoltório semimaterial é já uma chave para a explicação de muitas coisas e mostra-vos a possibilidade de certos fenômenos.

Quanto aos meios, são muito variados e dependem tanto da natureza, mais ou menos apurada dos Espíritos, quanto das disposições peculiares às pessoas que lhes servem de intermediárias. O mais vulgar — o que se pode chamar universal — consiste na intuição, isto é, nas idéias e pensamentos que eles nos sugerem; é este, porém, um meio pouco apreciável, na generalidade dos casos; outros existem mais materiais. Certos Espíritos se comunicam por pancadas, respondendo por *sim* ou por *não*, ou designando as letras que devem formar as palavras. As pancadas podem ser obtidas pelo movimento de oscilação de um objeto, de uma mesa, por exemplo, que bate com o pé. Muitas vezes se fazem ouvir nas próprias substâncias dos corpos, sem que estes se movimentem. Esse modo primitivo é demorado e dificilmente se presta a comunicações de certo desenvolvimento; a escrita substituiu-o, e é obtida de diferentes maneiras.

Serviu-se no começo, e serve-se ainda algumas vezes, de um objeto móvel, como uma prancheta, uma cestinha, uma caixa, ao qual se adapta um lápis, cuja ponta pousa sobre o papel. A natureza e a substância do objeto são indiferentes. O médium coloca as mãos sobre esse objeto, ao qual transmite a influência que recebe do Espírito, e o lápis traça os caracteres. O objeto assim empregado não é, propriamente falando, mais que um apêndice da mão, uma espécie de porta-lápis.

Depois, reconheceu-se a inutilidade desse intermediário, que não é senão uma complicação de meios, cujo único mérito está em demonstrar, de modo mais palpável, a independência do médium; este último pode escrever, segurando, ele mesmo, o lápis.

Os Espíritos manifestam-se ainda e podem transmitir seus pensamentos por sons articulados, que se fazem ouvir, seja no ar, seja no interior do órgão auditivo, pela voz do médium, pela vista, por desenhos, pela música e por muitos outros meios que um estudo completo torna conhecidos.

Os médiuns possuem, para esses diferentes modos de comunicação, aptidões especiais que dependem de sua organização. Assim, temos médiuns de efeitos físicos, isto é, aptos para produzir fenômenos materiais, como pancadas, movimentos de corpos, etc.; há médiuns auditivos, falantes, videntes, desenhadores, músicos, escreventes. Esta última faculdade é a mais comum, a que melhor se desenvolve pelo exercício e também a mais preciosa, por ser a que permite comunicações mais freqüentes e rápidas.

O médium escrevente apresenta numerosas variedades, das quais duas são muito distintas. Para compreendê-las, é necessário saber-se o modo pelo qual se opera o fenômeno. O Espírito atua, algumas vezes, diretamente sobre a mão do médium, à qual dá um impulso totalmente independente da vontade deste, e sem que ele tenha consciência do que escreve: é o *médium escrevente mecânico.* Outras vezes, atuando sobre o cérebro do médium, seu pensamento se comunica com o deste que, então, se bem que escrevendo de modo involuntário, tem consciência mais ou menos nítida do que obtém: é o *médium intuitivo*; seu papel é exatamente o de um intérprete, que transmite um pensamento que não é o seu e que, portanto, ele deve compreender. Ainda que, neste caso, o pensamento do Espírito e o do médium se confundam algumas vezes, a experiência ensina a distingui-los com facilidade.

Obtêm-se comunicações igualmente boas por esses dois gêneros de médiuns; a vantagem dos que são mecânicos é proveitosa sobretudo para as pessoas que ainda não estão convencidas. Demais, a qualidade essencial de um médium está na natureza dos Espíritos que o assistem, nas comunicações que recebe, antes que nos meios de execução.

V. — O processo parece-me dos mais simples. Poderia eu mesmo experimentá-lo?

A. K. — Perfeitamente; digo mais: se possuirdes a faculdade mediúnica, tereis o melhor meio de vos convencer, porque não podeis duvidar da vossa boa-fé. Somente, aconselho-vos vivamente a não tentardes ensaio algum antes de acurado estudo. As comunicações do além-túmulo são cercadas de mais dificuldades do que se pensa; elas não estão isentas de inconvenientes e, mesmo, de perigos, para os que não têm a necessária experiência. É o mesmo que aconteceria àquele que, sem saber Química, tentasse fazer manipulações químicas; correria o risco de queimar os dedos.

V. — Há algum sinal pelo qual se possa reconhecer a posse dessa aptidão?

A. K. — Até ao presente não se conhece um diagnóstico para a mediunidade; todos os que julgamos descobrir, são sem valor; experimentar é o único meio de saber se a faculdade existe.

Além disso, os médiuns são muito numerosos e é raríssimo, quando não o sejamos, não se encontrar algum em qualquer dos membros de nossa família, ou nas pessoas que nos cercam.

O sexo, a idade e o temperamento são indiferentes; eles aparecem entre os homens e mulheres, entre crianças, velhos, doentes e pessoas sadias.

Se a mediunidade se traduzisse por um sinal exterior qualquer, isto implicaria a permanência da faculdade, ao passo que ela é essencialmente móbil e fugidia. Sua causa física está na assimilação, mais ou menos fácil, dos fluidos perispirituais do encarnado e do Espírito desencarnado; sua causa moral está na vontade do Espírito que se comunica, quando isto lhe apraz, e não segundo a nossa vontade, donde resulta: 1º, que nem todos os Espíritos podem comunicar-se indiferentemente por todos os médiuns; 2º, que todo médium pode perder ou ver suspender-se a sua faculdade, quando ele menos o esperar.

Estas poucas palavras bastam para mostrar que há nisto um sério estudo a fazer-se, a fim de se poder explicar as variações que esse fenômeno apresenta. Seria, pois, um erro crer que todo Espírito possa vir responder ao apelo que lhe é feito, e se comunicar pelo primeiro médium de que se lance mão. Para que um Espírito se comunique, é preciso: 1º, que lhe convenha fazê-lo; 2º, que sua posição ou suas ocupações lho permitam; 3º, que encontre no médium um instrumento apropriado à sua natureza.

Em princípio, podemos comunicar-nos com os Espíritos de todas as categorias, com os nossos parentes e amigos, com os mais elevados como com os mais vulgares; porém, independente das condições individuais de possibilidade, eles vêm mais ou menos de boa vontade segundo as circunstâncias e, sobretudo, segundo a sua simpatia pelas pessoas que os chamam, e não pelo pedido do primeiro que tenha a fantasia de evocá-los por um sentimento de curiosidade; nestas circunstâncias, se eles, quando na Terra, não se incomodariam com elas, depois da morte não o fazem também.

Os Espíritos sérios só comparecem nas reuniões sérias, para onde os chamam com *recolhimento e para coisas sérias*; não se prestam a responder a perguntas de curiosidade, de prova, ou com um fim fútil, nem também a experiência alguma.

Os Espíritos frívolos andam por toda parte; porém, nas reuniões sérias, calam-se e conservam-se afastados para escutar, como fariam estudantes em uma assembléia de doutos. Nas reuniões frívolas eles tomam a desforra, fazendo de tudo divertimento, zombando, muitas vezes, dos assistentes, e respondendo a tudo sem se importarem com a verdade.

Os Espíritos denominados batedores e, geralmente, todos os que produzem manifestações físicas, são de ordem inferior, sem por isso serem essencialmente maus; possuem uma aptidão, de alguma sorte especial, para os efeitos materiais; os Espíritos superiores não se ocupam com essas coisas, assim como os sábios da Terra não se entregam a exercícios de força muscular; quando aqueles precisam que tais efeitos se dêem, lançam mão dos atrasados, como nós nos servimos dos trabalhadores para os serviços pesados.

MÉDIUNS INTERESSEIROS

V. — Antes de empreender um estudo de longo fôlego, há muita gente que deseja ter certeza de que não vai perder o tempo, certeza que lhe poderia provir do fato concludente, mesmo obtido a peso de ouro.

A. K. — Aquele que não se quer dar ao trabalho de estudar, é antes guiado pela curiosidade, que pelo desejo real de se instruir; ora, os Espíritos, assim como eu, não gostam dos curiosos. Além disso, a cobiça é-lhes, sobretudo, antipática, e eles recusam-se a prestar-lhe qualquer serviço; crer que Espíritos superiores como Fénelon, Bossuet, Pascal, Santo Agostinho, se ponham às ordens do primeiro que os chame, a tanto por hora, é fazer idéia bem falsa das nossas relações com o mundo espiritual.

Não, senhor. As comunicações de além-túmulo são assunto muito grave e respeitabilíssimo para serem assim exibidas.

Sabemos que os fenômenos espíritas não se produzem como o movimento das rodas de um mecanismo, porquanto dependem da vontade dos Espíritos; mesmo admitindo-se que um indivíduo possua aptidão mediúnica, nada lhe garante obter uma manifestação em dado momento.

Se os incrédulos são inclinados a suspeitar da boa-fé dos médiuns em geral, muito pior seria se neles encontrassem o estímulo do interesse; com razão se poderia suspeitar que o médium retribuído simulasse quando o Espírito não o auxiliasse, pois que ele desejaria de qualquer forma ganhar dinheiro.

Além de que o desinteresse absoluto é a melhor garantia de sinceridade, repugnaria à razão evocar por dinheiro os Espíritos das pessoas que nos são caras, supondo que eles consintam nisso, o que é mais que duvidoso; em todos os casos só se prestariam a isso Espíritos de classe inferior, pouco escrupulosos a respeito de meios, e que não merecem confiança alguma; e estes mesmos, muitas vezes, encontram um divertimento maldoso em frustrar as combinações e os cálculos do seu evocador. A natureza da faculdade mediúnica opõe-se, pois, a que ela sirva de profissão, à vista de sua dependência de vontade estranha à do médium, e de lhe poder ela, no momento preciso, deixá-lo em falta, salvo se ele a suprir pela astúcia.

Porém, admitindo mesmo inteira boa-fé, desde que os fenômenos não se produzem à vontade, seria puro acaso se, em sessão paga, se produzisse exatamente aquele que desejávamos ver para nos convencermos.

Dai cem mil francos a um médium e não conseguireis que ele obtenha que os Espíritos façam o que não querem; essa dádiva, que viria desnaturar a intenção e transformá-la em violento desejo de lucro, seria antes um motivo para que ele fosse malsucedido. Quando se está bem compenetrado desta verdade — que a afeição e a simpatia são os mais poderosos móveis de atração para os Espíritos —, não se pode deixar de compreender que não lhes agradam as solicitações de alguém que tenha a idéia de servir-se deles para ganhar dinheiro.

Aquele, pois, que precisa de fatos que o convençam, deve provar aos Espíritos sua boa vontade por uma observação séria e paciente, se deseja ser auxiliado; pois se é uma verdade que a fé não se impõe, não o é menos, que se não pode comprá-la.

V. — Compreendo esse raciocínio do ponto de vista moral; entretanto, não é justo que aquele que emprega seu tempo, a bem da causa, não seja indenizado quando esse tempo é roubado ao trabalho de que precisa para viver?

A. K. — Primeiro: será mesmo no interesse da causa que ele o faz, ou no seu próprio?

Se ele deixou seu modo de vida, é porque não lhe satisfazia, e por esperar ganhar mais, em um novo, ou ter menos fadigas. Não há sacrifício algum no empregar o tempo em uma coisa de que se espera tirar lucro. É absolutamente o mesmo que se se dissesse ser no interesse da Humanidade que o padeiro fabrica o pão. A mediunidade não é o único recurso; se ele não a tivesse, procuraria ganhar a vida de outro modo.

Os médiuns verdadeiramente sérios e devotados, quando não possuem uma existência independente, procuram recursos no trabalho ordinário e não abandonam suas profissões; eles não consagram à mediunidade senão o tempo que lhe podem dar, sem prejuízo de outras ocupações; empregando parte do tempo destinado aos divertimentos e repouso, nesse trabalho mais útil, eles se mostram devotados, tornam-se apreciados e respeitados.

A multiplicidade dos médiuns nas famílias torna, ao demais, inúteis os médiuns de profissão, ainda que estes ofereçam todas as garantias desejáveis, o que é muito raro.

Se não fosse o descrédito que acompanha esse gênero de exploração, para o que me felicito de muito haver concorrido, os médiuns mercenários pulululariam e os jornais viriam sempre cheios de seus reclamos; ora, para um que fosse leal, apresentar-se-iam cem charlatães que, abusando de uma faculdade *real* ou *simulada*, fariam o maior dano ao Espiritismo.

É, pois, um princípio: todos quantos vêem no Espiritismo coisa diferente de uma exibição de fenômenos curiosos, que compreendem e tomam a peito a dignidade, consideração e os verdadeiros interesses da doutrina, reprovam toda espécie de especulação, qualquer que seja a forma ou disfarce com que se apresente.

Os médiuns sérios e sinceros — e eu dou este nome aos que compreendem a santidade do mandato que Deus lhes confiou — evitam até as aparências do que poderia fazer pairar sobre eles a menor suspeita de cobiça; eles consideram uma injúria a acusação de tirarem qualquer lucro da sua faculdade.

Convinde, senhor, apesar de serdes incrédulo, que um médium nessas condições faria sobre vós uma impressão totalmente diversa da que sentiríeis, se lhe tivésseis pago para vê-lo trabalhar, ou, quando mesmo fosseis admitido por favor, se soubésseis que atrás de tudo aquilo havia uma questão de dinheiro; concordai que vendo-o antes animado de um verdadeiro sentimento religioso, estimulado pela fé somente e não pelo desejo do ganho, involuntariamente o respeito por ele se vos impunha; seja embora ele o mais humilde proletário, inspirar-vos-á mais confiança, porque não há motivo algum para suspeitardes da sua lealdade.

Pois bem! caro senhor, encontrareis mil como este, contra um que não esteja nas mesmas condições, e é esta uma das causas que mais têm concorrido para o crédito e propagação da doutrina; ao passo que, se ela só tivesse intérpretes interessados, não contaria a quarta parte dos adeptos que possui hoje.

É perfeitamente compreensível que os médiuns de profissão sejam excessivamente raros, pelo menos em França; eles são desconhecidos na maioria dos centros espíritas da província, onde a reputação de mercenários bastaria para que os excluíssem de todos os grupos sérios, e onde para eles o ofício não seria lucrativo, por causa do descrédito de que se tornariam objeto e da concorrência de médiuns desinteressados, que se encontram por toda parte.

Para suprir, seja a faculdade que lhes falta, seja a insuficiência da clientela, há falsos médiuns que tudo aproveitam, servindo-se das cartas, da clara de ovo, da borra de café, etc., a fim de contentar a todos os gostos, esperando por esse meio, na falta de Espíritos, atrair os que ainda crêem nessas tolices.

Se eles unicamente a si prejudicassem, o mal não seria grande; porém, há pessoas que, sem nada aprofundarem, confundem o abuso com a realidade, e disso se aproveitam os mal-intencionados, para dizer que é nisso que consiste o Espiritismo. Já vedes, pois, senhor, que se a exploração da mediunidade conduz a cometer abusos prejudiciais à doutrina, o Espiritismo sério tem razão de não aceitá-la, de repelir o seu auxílio.

V. — Tudo isso é muito lógico, concordo, mas os médiuns desinteressados não se acham ao dispor de qualquer e sentimo-nos constrangidos de incomodá-los; escrúpulos que não nos embaraçam, quando buscamos aquele que recebe uma paga, convencido de que não lhe vamos roubar o tempo. Muita gente que se deseja convencer, acharia muito mais facilidade se existissem *médiuns públicos*.

A. K. — Se os *médiuns públicos*, como lhes chamais, não oferecem as garantias precisas, como poderiam ser úteis para levar alguém à convicção? O inconveniente que assinalais, não destrói os de muito mais gravidade, que vos citei.

Buscá-los-iam antes como divertimento, para ouvir a *buena-dicha*, do que como meio de instrução. Aquele que, seriamente, deseja convencer-se encontra os meios, mais tarde ou mais cedo, se tiver perseverança e boa vontade; porém, quando não se está preparado para tal, não é por assistir a uma sessão que se ficará convencido.

Prova a experiência que, por se trazer dessas sessões uma impressão desfavorável, sai-se menos disposto à convicção, e talvez sem vontade alguma de prosseguir num estudo em que nada se viu de sério.

Ao lado, porém, das considerações morais, os progressos da ciência espírita, fazendo-nos melhor conhecer as condições em que se produzem as manifestações, mostram-nos, hoje, a dificuldade material que se apresenta à sua produção, coisa de que ninguém a princípio suspeitava: a necessidade de afinidades fluídicas entre o Espírito evocado e o médium.

Ponho de lado todo pensamento de fraude e embuste, e suponho que exista a mais completa lealdade.

Para que um médium de profissão possa oferecer toda segurança às pessoas que o venham consultar, é necessário que ele possua uma faculdade permanente universal, isto é, que ele se possa comunicar facilmente com qualquer Espírito e a todo momento, para estar constantemente à disposição do público, como um médico, e satisfazer a todas as evocações que lhe sejam pedidas; ora, isto é o que não se encontra em médium algum, seja entre os desinteressados, seja entre os outros, e isto por causas independentes da vontade do Espírito, o que não posso desenvolver aqui, porque não estou fazendo um curso de Espiritismo.

Limito-me a dizer-vos que as afinidades fluídicas, princípio do qual dimanam as faculdades mediúnicas, são *individuais* e não gerais, podendo existir do médium para tal Espírito, e não para tal outro; que, sem essas afinidades, cujas variantes são múltiplas, as comunicações são incompletas, falsas ou impossíveis; que, as mais das vezes, a assimilação fluídica entre o Espírito e o médium só se estabelece depois de algum tempo, ou somente uma vez em dez acontece que ela seja completa desde a primeira vez.

A mediunidade, como vedes, cavalheiro, é subordinada a leis, de alguma sorte orgânicas, às quais todo médium está sujeito; ora, não se pode negar que isto é um obstáculo para a mediunidade de profissão, pois que a possibilidade e a exatidão das comunicações são um produto de causas que não dependem do médium nem do Espírito.

Se, pois, repelimos a exploração da mediunidade, não é nem por capricho, nem por sistema, mas porque os próprios princípios que regem as nossas relações, com o mundo invisível, se opõem à regularidade e precisão necessárias naquele que se põe à disposição do público, e a quem o desejo de satisfazer à clientela, que lhe paga, arrasta ao abuso.

Não concluo, do que tenho dito, que todos os médiuns interesseiros sejam charlatães; digo somente que a ambição do ganho impele ao charlatanismo e autoriza a suspeita de velhacaria.

Quem deseja convencer-se deve, primeiro que tudo, procurar elementos de sinceridade.

MÉDIUNS E FEITICEIROS

V. — Desde que a mediunidade não é mais que um meio de entrar em relação com as potências ocultas, médiuns e feiticeiros são mais ou menos a mesma coisa.

A. K. — Em todos os tempos houve médiuns naturais e inconscientes que, pelo simples fato de produzirem fenômenos insólitos e incompreendidos, foram qualificados de feiticeiros e acusados de pactuarem com o diabo; foi o mesmo que se deu com a maioria dos sábios que dispunham de conhecimentos acima do vulgar. A ignorância exagerou seu poder e, muitas vezes, eles mesmos abusaram da credulidade pública, explorando-a; daí a justa reprovação que os feriu.

Basta-nos comparar o poder atribuído aos feiticeiros com a faculdade dos verdadeiros médiuns, para conhecermos a diferença, mas a maioria dos críticos não se quer dar a esse trabalho.

Longe de fazer reviver a feitiçaria, o Espiritismo a aniquila, despojando-a do seu pretenso poder sobrenatural, de suas fórmulas, engrimanços, amuletos e talismãs, e reduzindo a seu justo valor os fenômenos possíveis, sem sair das leis naturais.

A semelhança que certas pessoas pretendem estabelecer, provém do erro em que estão, julgando que os Espíritos estão às ordens dos médiuns; repugna à sua razão crer que um indivíduo qualquer possa, à vontade, fazer comparecer o Espírito de tal ou tal personagem, mais ou menos ilustre; nisto eles estão perfeitamente com a verdade, e, se antes de apedrejarem o Espiritismo, se tivessem dado ao trabalho de estudá-lo, veriam que ele diz positivamente que os *Espíritos não estão sujeitos aos caprichos de ninguém, que ninguém pode, à vontade, constrangê-los a responder ao seu chamado*; do que se conclui que os médiuns não são feiticeiros.

V. — Neste caso, todos os efeitos que certos médiuns acreditados obtém, à vontade e em público, não são, ao vosso ver, senão charlatanice?

A. K. — Não o digo em absoluto. Tais fenômenos não são impossíveis, porque há Espíritos de baixa categoria que se podem prestar à sua produção e que se divertem, talvez por já terem sido prestidigitadores na vida terrena; também há médiuns especialmente próprios para esse gênero de manifestações; porém, o vulgar bom-senso repele a idéia de virem os Espíritos, por menos elevados que sejam, representar palhaçadas e fazer escamoteações para divertimento dos curiosos. A obtenção desses fenômenos à vontade, e sobretudo em público, é sempre suspeita; neste caso a mediunidade e a prestidigitação se tocam tão de perto que é difícil muitas vezes distingui-las; antes de vermos nisso a ação dos Espíritos, devemos observar minuciosamente e ter em conta, quer o caráter e os antecedentes do médium, quer um grande número de circunstâncias que só o estudo da teoria dos fenômenos espíritas nos pode fazer apreciar.

Deve-se notar que esse gênero de mediunidade, quando mediunidade nisso exista, limita-se a produzir sempre o mesmo fenômeno, salvo pequenas variantes, o que não é muito próprio para dissipar dúvidas. O desinteresse absoluto é a melhor garantia de sinceridade.

Qualquer que seja o grau de veracidade desses fenômenos, como efeitos mediúnicos, eles produzirão bom resultado, por darem voga à idéia espírita. A controvérsia que se estabelece a respeito provoca em muitas pessoas um estudo mais aprofundado.

Não é certamente aí que se deve ir beber instruções sérias sobre o Espiritismo, nem sobre a filosofia da doutrina; porém, é um meio de chamar a atenção dos indiferentes e obrigar os recalcitrantes a falarem dele.

Diversidade dos Espíritos

V. — Falais de Espíritos bons ou maus, sérios ou frívolos; confesso-vos que não compreendo essa diferença; parece-me que, deixando o envoltório corporal, os Espíritos se despojam das imperfeições inerentes à matéria; que a luz se deve fazer para eles, sobre todas as verdades que nos são ocultas, e que eles ficam libertos dos prejuízos terrenos.

A. K. — Sem dúvida eles ficam livres das imperfeições físicas, isto é, das dores e enfermidades corporais; porém, as imperfeições morais são do Espírito e não do corpo. Entre eles há alguns que são mais ou menos adiantados, moral e intelectualmente.

Seria erro acreditar que os Espíritos, deixando o corpo material, recebem logo a luz da verdade.

É possível admitirdes que, quando morrerdes, não haja distinção alguma entre o vosso Espírito e o de um selvagem? Assim sendo, de que vos serviria ter trabalhado para a vossa instrução e melhoramento, quando um vadio, depois da morte, será tanto quanto vós?

O progresso dos Espíritos faz-se gradualmente e, algumas vezes, com muita lentidão. Entre eles alguns há que, por seu grau de aperfeiçoamento, vêem as coisas sob um ponto de vista mais justo do que quando estavam encarnados; outros, pelo contrário, conservam ainda as mesmas paixões, os mesmos preconceitos e erros, até que o tempo e novas provas os venham esclarecer. Notai bem que o que digo é fruto da experiência, colhido no que eles nos dizem em suas comunicações. É, pois, um princípio elementar do Espiritismo que existem Espíritos de todos os graus de inteligência e moralidade.

V. — Por que não são perfeitos todos os Espíritos? Tê-los-á Deus assim criado em tão diversas categorias?

A. K. — É o mesmo que perguntar por que todos os alunos de um colégio não estão cursando a aula de Filosofia.

Todos os Espíritos têm a mesma origem e o mesmo destino; as diferenças que os separam não constituem espécies distintas, mas exprimem diversos graus de adiantamento. Os Espíritos não são perfeitos, porque não são mais do que as almas dos homens, que não atingiram também a perfeição; e, pela mesma razão, os homens não são perfeitos por serem encarnações de Espíritos mais ou menos adiantados. O mundo corporal e o mundo espiritual estão em contínuo revezamento; pela morte do corpo, o mundo corporal fornece seu contingente ao espiritual; pelos nascimentos, este alimenta a humanidade.

Em cada nova existência, o Espírito dá maior ou menor passo no caminho do progresso, e, quando adquiriu na Terra a soma de conhecimentos e a elevação moral que o nosso globo comporta, ele o deixa, para ir viver em mundo mais elevado onde vai aprender novas coisas.

Os Espíritos que formam a população invisível da Terra são, de alguma sorte, o reflexo do mundo corporal; neles se encontram os mesmos vícios e as mesmas virtudes; há entre eles sábios, ignorantes e charlatães, prudentes e levianos, filósofos, raciocinadores, sistemáticos; como se não se despissem de seus prejuízos, todas as opiniões políticas e religiosas têm entre eles representantes; cada um fala segundo suas idéias, e o que eles dizem é, muitas vezes, apenas a sua opinião pessoal; eis o motivo por que se não deve crer cegamente em tudo o que dizem os Espíritos.

V. — Sendo assim, apresenta-se imensa dificuldade: nesses conflitos de opiniões diversas, como distinguir-se o erro da verdade? Não descubro a utilidade dos Espíritos, nem o que ganhamos em conversar com eles.

A. K. — Quando eles apenas servissem para dar-nos a prova de sua existência e de serem as almas dos homens, só isto seria de grande importância para quantos ainda duvidam que tenham uma alma e ignoram o que será deles depois da morte.

Como todas as ciências filosóficas, esta exige longos estudos e minuciosas observações; é só assim que se aprende a distinguir a verdade da impostura, e que se adquire os meios de afastar os Espíritos enganadores. Acima dessa turba de baixa esfera, existem os Espíritos superiores, que só têm em vista o bem, e cuja missão é guiar os homens pelo bom caminho; cumpre-nos sabê-los apreciar e compreender. Estes nos vêm ensinar grandes coisas; mas não julgueis que o estudo dos outros seja inútil; para bem conhecer um povo é necessário estudá-lo sob todas as faces. Vós mesmos tendes a prova disso; pensáveis que bastava aos Espíritos deixarem seu envoltório corpóreo para que ficassem isentos de todas as suas imperfeições; ora, são as comunicações com eles que nos ensinaram que isto não se dá, e fizeram-nos conhecer o verdadeiro estado do mundo espiritual, que a todos nós interessa no mais alto ponto, pois que todos temos que ir para lá.

Quanto aos erros que se podem originar da divergência de opiniões entre os Espíritos, eles desaparecem por si mesmos, à medida que se aprende a distinguir os bons dos maus, os sábios dos ignorantes, os sinceros dos hipócritas, absolutamente como se dá entre nós; então, o bom-senso repelirá as falsas

V. — A minha observação subsiste sempre no ponto de vista das questões científicas e outras que podemos submeter aos Espíritos. A divergência de suas opiniões, sobre as teorias que dividem os sábios, deixa-nos na incerteza.

Compreendo que, não possuindo todos o mesmo grau de instrução, não podem saber tudo; mas, então, que peso pode ter para nós a opinião daqueles que sabem, quando não podemos distinguir quem erra ou quem tem razão? Vale tanto dirigirmo-nos aos homens como aos Espíritos.

A. K. — Essa reflexão é ainda uma conseqüência da ignorância do verdadeiro caráter do Espiritismo.

Aquele que supõe nele achar meio fácil de saber tudo, de tudo descobrir, labora em grande erro.

Os Espíritos não estão encarregados de trazer-nos a ciência já feita; seria, realmente, muito cômodo se nos bastasse pedir para sermos logo servidos, ficando assim dispensados do trabalho de estudar.

Deus quer que trabalhemos, que o nosso pensamento se exercite; e só por esse preço adquiriremos a ciência; os Espíritos não vêm libertar-nos dessa necessidade: *eles são o que são; o Espiritismo tem por objeto estudá-los*, a fim de que, por analogia, fiquemos sabendo o que seremos um dia; e não para nos fazer conhecer o que nos deve ser oculto, ou revelar-nos as coisas antes do tempo próprio.

Tampouco os Espíritos são leitores da *buena-dicha*, e aquele que se vangloria de obter deles certos segredos, prepara para si estranhas decepções da parte dos Espíritos galhofeiros; em uma palavra, *o Espiritismo é uma ciência de observação, e não uma arte de adivinhar e especular*. Nós o estudamos com o fim de conhecer o estado das individualidades do mundo invisível, as relações que nos prendem a elas, sua ação oculta sobre o mundo visível, e não para dele tirar qualquer vantagem material.

Deste ponto de vista, não há Espírito algum cujo estudo não nos traga alguma utilidade; alguma coisa aprendemos sempre com todos eles; as suas imperfeições, os defeitos, a incapacidade, a ignorância mesmo, são outros tantos objetos de observação, que nos iniciam na natureza íntima desse mundo; e quando eles não nos instruam, nós, estudando-os, nos instruímos, como fazemos quando observamos os costumes de um povo desconhecido para nós. Quanto aos Espíritos esclarecidos, esses nos ensinam muito, porém sempre nos limites do possível; nunca lhes perguntemos o que eles não podem ou não devem revelar; contentemo-nos com o que nos dizem; querer ir além é sujeitarmo-nos às manifestações dos Espíritos frívolos, sempre dispostos a falar de tudo. A experiência nos ensina a julgar do grau de confiança que lhes devemos conceder.

Utilidade prática das manifestações

V. — Admitamos que a coisa esteja comprovada, o Espiritismo reconhecido como realidade; qual a sua utilidade prática?

Não se tendo sentido a sua falta até ao presente, parece-me que se podia continuar a dispensá-lo, e viver sem ele, muito tranqüilamente.

A. K. — Podíamos dizer o mesmo das vias férreas e do vapor, sem os quais também se vivia muito bem.

Se utilidade prática, para vós, é dar meios de passar boa vida, fazer fortuna, conhecer o futuro, descobrir minas de carvão ou tesouros ocultos, arrecadar heranças, libertar-se do trabalho de estudar, o Espiritismo não na tem; ele não pode produzir altas e baixas na Bolsa, nem transformar-se em ações de Bancos, nem mesmo fornecer inventos já prontos e no estado de serem explorados. Sob tal ponto de vista, quantas ciências deixariam de ser úteis! Quantas delas não oferecem vantagem alguma, comercialmente falando!

Os homens passavam igualmente bem, antes da descoberta dos novos planetas, antes que se soubesse ser a Terra e não o Sol que se move, antes que se conhecesse o mundo microscópico e outras tantas coisas.

O camponês, para viver e fazer brotar seu trigo, não precisa saber o que seja um planeta. Para que, pois, se entregam os sábios a esses estudos? Há alguém que ouse dizer que eles perdem o tempo?

Tudo que serve para erguer uma ponta do véu que nos envolve, ajuda o desenvolvimento da inteligência, alarga o círculo das idéias, fazendo-nos melhor compreender as leis da Natureza.

Ora, o mundo dos Espíritos existe em virtude de uma dessas leis naturais, e o Espiritismo nos faz conhecê-lo; ele nos mostra a influência que o mundo invisível exerce sobre o visível e as relações existentes entre eles, como a Astronomia nos ensina as que ligam os astros à Terra; ele no-lo faz ver como sendo uma das forças que regem o Universo e contribuem para a manutenção da harmonia geral.

Supondo que a isso se limitasse a sua utilidade, já não seria de grande importância a revelação de uma tal potência, abstraindo-se mesmo de toda a sua doutrina moral? De nada valerá um mundo inteiro novo que se nos revela, quando o conhecimento dele nos conduz à solução de tão grande número de problemas, até então insolúveis; quando ele nos inicia nos mistérios do além-túmulo, que nos devem interessar de algum modo, visto que todos nós, tarde ou cedo, temos de transpor esse marco fatal?

O Espiritismo possui, porém, uma outra utilidade, mais positiva: é a natural influência moral que exerce. Ele é a prova patente da existência da alma, da sua individualidade depois da morte, da sua imortalidade, da sua sorte futura; é, pois, a destruição do materialismo, não pelo raciocínio, mas por fatos. Não convém pedir-lhe senão o que ele pode dar, e nunca o que está fora dos limites do seu fim providencial.

Antes dos progressos sérios da Astronomia, acreditava-se na Astrologia. Será razoável dizer-se que a Astronomia para nada serve, porque já não se pode encontrar na influência dos astros o prognóstico do destino?

Assim como a Astronomia destronou os astrólogos, o Espiritismo veio destronar os adivinhos, os feiticeiros e os que liam a *buena-dicha*. Ele é, para a magia, o que é a Astronomia para a Astrologia, a Química para a Alquimia.

Loucura, suicídio e obsessão

V. — Certas pessoas consideram as idéias espíritas como capazes de perturbar as faculdades mentais, pelo que acham prudente deter-lhes a propagação.

A. K. — Deveis conhecer o provérbio: "Quem quer matar o cão — diz que o cão está danado."

Não é, portanto, estranhável que os inimigos do Espiritismo procurem agarrar-se a todos os pretextos; como este lhes pareceu próprio para despertar temores e suscetibilidades, empregam-no logo, conquanto não resista ao mais ligeiro exame. Ouvi, pois, a respeito dessa loucura, o raciocínio de um louco.

Todas as grandes preocupações do espírito podem ocasionar a loucura; as ciências, as artes, a religião mesmo, fornecem o seu contingente. A loucura provém de um certo estado patológico do cérebro, instrumento do pensamento; estando o instrumento desorganizado, o pensamento fica alterado.

A loucura é, pois, um efeito consecutivo, cuja causa primária é uma predisposição orgânica, que torna o cérebro mais ou menos acessível a certas impressões; e isto é tão real que encontrareis pessoas que pensam excessivamente e não ficam loucas, ao passo que outras enlouquecem sob o influxo da menor excitação.

Existindo uma predisposição para a loucura, toma esta o caráter de preocupação principal, que então se torna idéia fixa; esta poderá ser a dos Espíritos, num indivíduo que deles se tenha ocupado, como poderá ser a de Deus, dos anjos, do diabo, da fortuna, do poder, de uma ciência, da maternidade, de um sistema político ou social. É provável que o louco religioso se tivesse tornado um louco espírita, se o Espiritismo fosse a sua preocupação dominante.

É certo que um jornal disse que se contavam, só em uma localidade da América, de cujo nome não me recordo, 4.000 casos de loucura espírita; mas é também sabido que os nossos adversários têm a *idéia fixa* de se crerem os únicos dotados de razão; é uma esquisitice como outra qualquer. Para eles, nós somos todos dignos de um hospital de doidos, e, por conseqüência, os 4.000 espíritas da localidade em questão eram considerados como loucos.

Dessa espécie, os Estados Unidos contam centenas de milhares, e todos os países do mundo um número ainda muito maior. Esse gracejo de mau gosto começa a não ter valor, desde que tal moléstia vai invadindo as classes mais elevadas da sociedade.

Falam muito do caso de Vitor Hennequin, mas se esquecem que, antes de se ocupar com os Espíritos, já ele havia dado provas de excentricidade nas suas idéias; se as mesas girantes não tivessem então aparecido (as quais, segundo um trocadilho bem espirituoso dos nossos adversários, lhe fizeram girar a cabeça), sua loucura teria seguido outro rumo.

Eu digo, pois, que o Espiritismo não tem privilégio algum, nesse sentido; mas vou ainda além: afirmo que, bem compreendido, ele é um preservativo contra a loucura e o suicídio.

Entre as causas mais numerosas de excitação cerebral, devemos contar as decepções, os desastres, as afeições contrariadas, as quais são também as mais freqüentes causas do suicídio. Ora, o verdadeiro espírita vê as coisas deste mundo de um ponto de vista tão elevado, que as tribulações não são para eles senão os incidentes desagradáveis de uma viagem. Aquilo que em outro qualquer produziria violenta comoção, afeta-o mediocremente. Ele sabe que os dissabores da vida são provas que servirão para o seu adiantamento, se as sofrer sem murmurar, porque sua recompensa será proporcional à coragem com que as houver suportado. Suas convicções dão-lhe, pois, uma resignação que o preserva do desespero e, por conseqüência, de uma causa incessante de loucura e de suicídio. Ele sabe, além disso, pelo espetáculo que lhe dão as comunicações com os Espíritos, a sorte deplorável dos que abreviam voluntariamente os seus dias, e este quadro é bem de molde a fazê-lo refletir; também é considerável o número dos que por esse meio têm sido detidos nesse funesto declive. É um dos grandes resultados do Espiritismo.

Em o número das causas de loucura, devemos também colocar o medo, principalmente do diabo, que já tem desarranjado mais de um cérebro. Sabe-se o número de vítimas que se tem feito, ferindo as imaginações fracas com esse painel que, por detalhes horrorosos, capricham em tornar mais assustador. O diabo, dizem, só causa medo às crianças, é um freio para corrigi-las; sim, como o papão e o lobisomem, que as contêm por algum tempo, tornando-se elas piores que antes, quando lhes perdem o medo; mas, em troca desse pequeno resultado, não contam as epilepsias que têm sua origem nesse abalo de cérebros tão delicados.

Não confundamos a *loucura patológica* com a obsessão; esta não provém de lesão alguma cerebral, mas da subjugação que Espíritos malévolos exercem sobre certos indivíduos, e que, muitas vezes, têm as aparências da loucura propriamente dita. Esta afecção, muito freqüente, é independente de qualquer crença no Espiritismo e existiu em todos os tempos. Neste caso, a medicação comum é impotente e mesmo prejudicial.

Fazendo conhecer esta nova causa de perturbação orgânica, o Espiritismo nos oferece, ao mesmo tempo, o único meio de vencê-la, agindo não sobre o enfermo, mas sobre o Espírito obsessor. O Espiritismo é o remédio e não a causa do mal.

Esquecimento do passado

V. — Não consigo explicar a mim mesmo como pode o homem aproveitar da experiência adquirida em suas anteriores existências, quando não se lembra delas, pois que, desde que lhe falta essa reminiscência, cada existência é para ele qual se fora a primeira; deste modo, está sempre a recomeçar.

Suponhamos que cada dia, ao despertar, perdemos a memória de tudo quanto fizemos no dia anterior; quando chegássemos aos setenta anos, não estaríamos mais adiantados do que aos dez; ao passo que recordando as nossas faltas, inaptidões e punições que disso nos provieram, esforçar-nos-emos por evitá-las.

Para me servir da comparação que fizestes do homem, na Terra, com o aluno de um colégio, eu não compreendo como este poderia aproveitar as lições da quarta classe, não se lembrando do que aprendeu na anterior.

Essas soluções de continuidade na vida do Espírito interrompem todas as relações e fazem dele, de alguma sorte, uma entidade nova; do que podemos concluir que os nossos pensamentos morrem com cada uma das nossas existências, para renascer em outra, sem consciência do que fomos; é uma espécie de aniquilamento.

A. K. — De pergunta em pergunta, levar-me-eis a fazer um curso completo de Espiritismo; todas as objeções que apresentais são naturais em quem ainda nada conhece, mas que, mediante estudo sério, pode encontrar-lhes respostas muito mais explícitas do que as que posso dar em sumária explicação que, por certo, deve sempre ir provocando novas questões.

Tudo se encadeia no Espiritismo, e, quando se toma o conjunto, vê-se que seus princípios emanam uns dos outros, servindo-se mutuamente de apoio; e, então, o que parecia uma anomalia, contrária à justiça e à sabedoria de Deus, se torna natural e vem confirmar essa justiça e essa sabedoria. Tal é o problema do esquecimento do passado, que se prende a outras questões de não menor importância e, por isso, não farei aqui senão tocar levemente o assunto.

Se em cada uma de suas existências um véu esconde o passado do Espírito, com isso nada perde ele das suas aquisições, apenas esquece o modo por que as conquistou.

Servindo-me ainda da comparação supra com o aluno, direi que pouco importa saber onde, como, com que professores ele estudou as matérias de uma classe, uma vez que as saiba, quando passa para a classe seguinte. Se os castigos o tornaram laborioso e dócil, que lhe importa saber quando foi castigado por preguiçoso e insubordinado?

É assim que, reencarnando, o homem traz por intuição e como idéias inatas, o que adquiriu em ciência e moralidade. Digo em moralidade porque, se no curso de uma existência ele se melhorou, se soube tirar proveito das lições da experiência, se tornará melhor quando voltar; seu

Espírito, amadurecido na escola do sofrimento e do trabalho, terá mais firmeza; longe de ter de recomeçar tudo, ele possui um fundo que vai sempre crescendo e sobre o qual se apóia para fazer maiores conquistas.

A segunda parte da vossa objeção, relativa ao aniquilamento do pensamento, não tem base mais segura, porque esse olvido só se dá durante a vida corporal; uma vez terminada ela, o Espírito recobra a lembrança do seu passado; então poderá julgar do caminho que seguiu e do que lhe resta ainda fazer; de modo que não há essa solução de continuidade em sua vida espiritual, que é a vida normal do Espírito. Esse esquecimento temporário é um benefício da Providência; a experiência só se adquire, muitas vezes, por provas rudes e terríveis expiações, cuja recordação seria muito penosa e viria aumentar as angústias e tribulações da vida presente.

Se os sofrimentos da vida parecem longos, que seria se a ele se juntasse a lembrança do passado?

Vós, por exemplo, meu amigo, sois hoje um homem de bem, mas talvez devais isso aos rudes castigos que recebestes pelos malefícios que hoje vos repugnariam à consciência; ser-vos-ia agradável a lembrança de ter sido outrora enforcado por vossa maldade? Não vos perseguiria a vergonha de saber que o mundo não ignorava o mal que tínheis feito? Que vos importa o que fizestes e o que sofrestes para expiar, quando hoje sois um homem estimável? Aos olhos do mundo, sois um homem novo, e aos olhos de Deus um Espírito reabilitado. Livre da reminiscência de um passado importuno, viveis com mais liberdade; é para vós um novo ponto de partida; vossas dívidas anteriores estão pagas, cumprindo-vos ter cuidado de não contrair outras.

Quantos homens desejariam assim poder, durante a vida, lançar um véu sobre os seus primeiros anos! Quantos, ao chegar ao termo de sua carreira, não têm dito: "Se eu tivesse de recomeçar, não faria mais o que fiz!"

Pois bem, o que eles não podem fazer nesta mesma vida, fá-lo-ão em outra; em uma nova existência, seu Espírito trará, em estado de intuição, as boas resoluções que tiver tomado. É assim que se efetua gradualmente o progresso da humanidade.

Suponhamos ainda — o que é um caso muito comum — que, em vossas relações, em vossa família mesmo se encontre um indivíduo que vos deu outrora muitos motivos de queixa, que talvez vos arruinou, ou desonrou em outra existência, e que, Espírito arrependido, veio encarnar-se em vosso meio, ligar-se a vós pelos laços de família, a fim de reparar suas faltas para convosco, por seu devotamento e afeição; não vos acharíeis mutuamente na mais embaraçosa posição, se ambos vos lembrásseis de vossas passadas inimizades? Em vez de se extinguirem, os ódios se eternizariam.

Disso resulta que a reminiscência do passado perturbaria as relações sociais e seria um tropeço ao progresso. Quereis uma prova?

Supondo que um indivíduo condenado às galés tome a firme resolução de tornar-se um homem de bem, que acontece quando ele termina o cumprimento da pena? A sociedade o repele, e essa repulsa o lança de novo nos braços do vício. Se, porém, todos desconhecessem os seus antecedentes, ele seria bem acolhido; e, se ele mesmo os esquecesse, poderia ser honesto e andar de cabeça erguida, em vez de ser obrigado a curvá-la sob o peso da vergonha do que não pode olvidar.

Isto está em perfeita concordância com a doutrina dos Espíritos, a respeito dos mundos superiores ao nosso planeta, nos quais, só reinando o bem, a lembrança do passado nada tem de penosa; eis por que seus habitantes se recordam da sua existência precedente, como nós nos recordamos hoje do que ontem fizemos.

Quanto à lembrança do que fizeram em mundos inferiores, ela produz neles a impressão de um mau sonho.

Elementos de convicção

V. — Convenho, ilustre amigo, que do ponto de vista filosófico, a Doutrina Espírita é perfeitamente racional; mas fica sempre de pé a questão das manifestações, que não pode ser resolvida senão por fatos; ora, é a realidade destes que muita gente contesta, e não deveis achar extraordinário o desejo que vos manifestam de testemunhá-los.

A. K. — Acho-o muito natural; todavia, como eu procuro que eles sejam aproveitados, explico em que condições convém que cada um se coloque, para melhor observá-los e, sobretudo, compreendê-los; ora, quem não aceita essas condições, mostra não ter sério desejo de esclarecer-se, e com tal pessoa é inútil perdermos tempo.

Convireis, também, que seria singular que tão racional filosofia tivesse saído de fatos ilusórios e controvertidos.

Em boa lógica, a realidade do efeito implica a da causa que o produz; se um é verdadeiro, a outra não pode ser falsa, porque, onde não há árvores, não se pode colher frutos.

Nem todos, é certo, testemunharam os fatos, porque não se colocaram nas condições precisas para observá-los; não tiveram a paciência e a perseverança exigidas. Mas isso também se dá com todas as ciências: o que uns não fazem, é feito por outros; todos os dias aceitamos o resultado dos cálculos astronômicos, sem que nós mesmos os façamos.

Seja como for, se achais a filosofia boa, podeis aceitá-la como aceitaríeis outra qualquer, conservando vossa opinião sobre as vias e meios que a ela conduziram, ou, ao menos, não a admitindo senão a título de hipótese, até mais ampla averiguação.

Os elementos de convicção não são os mesmos para todos; o que convence a uns, não produz impressão alguma em outros; assim sendo, é preciso um pouco de tudo. É, porém, um engano crer-se que as experiências físicas sejam o único meio de convencer.

Notei que em algumas pessoas os mais importantes fenômenos não produziram a menor impressão, ao passo que uma simples resposta escrita venceu todas as dúvidas.

Quando se vê um fato que não se compreende, quanto mais extraordinário ele é, mais suspeitas desperta e mais o pensamento se esforça para lhe dar uma causa vulgar; se ele, porém, for compreendido, é logo admitido por ter uma razão de ser, desaparecendo o maravilhoso e o sobrenatural.

Certamente as explicações que vos acabo de dar, nesta conversa, longe estão de ser completas; mas, sumárias como são, estou persuadido de que vos levarão a refletir; e, se as circunstâncias vos fizerem testemunhar alguns fatos de manifestação, vê-los-eis com menor prevenção, porque possuireis uma base onde firmar o vosso raciocínio.

Há duas coisas no Espiritismo: a parte experimental das manifestações e a doutrina filosófica.

Ora, eu sou todos os dias visitado por pessoas que ainda nada viram e crêem tão firmemente como eu, pelo só estudo que fizeram da parte filosófica; para elas o fenômeno das manifestações é acessório; o fundo é a doutrina, a ciência; eles a vêem tão grande, tão racional, que nela encontram tudo quanto pode satisfazer às suas aspirações interiores, à parte o fato das manifestações; do que concluem que, supondo não existissem as manifestações, a doutrina não deixaria de ser sempre a que melhor resolve uma multidão de problemas reputados insolúveis.

Quantos me disseram que essas idéias estavam em germe no seu cérebro, conquanto em estado de confusão.

O Espiritismo veio coordená-las, dar-lhes corpo, e foi para eles como um raio de luz. É o que explica o número de adeptos que a simples leitura de *O Livro dos Espíritos* produziu.

Acreditais que esse número seria o que é hoje, se nunca tivéssemos passado das mesas giratórias e falantes?

V. — O senhor tinha razão de dizer que das mesas giratórias e falantes saiu uma doutrina filosófica, e longe estava eu de suspeitar as conseqüências que surgiram de um fato encarado como simples objeto de curiosidade.

Agora vejo quanto é vasto o campo aberto pelo vosso sistema.

A. K. — Nisso vos contesto, caro senhor; dais-me subida honra atribuindo-me esse sistema quando ele não me pertence. Ele foi totalmente deduzido do ensino dos Espíritos. Eu vi, observei, coordenei e procuro fazer compreender aos outros aquilo que compreendo; esta é a parte que me cabe.

Há entre o Espiritismo e outros sistemas filosóficos esta diferença capital; que estes são todos obra de homens, mais ou menos esclarecidos, ao passo que, naquele que me atribuís, eu não tenho o mérito da invenção de um só princípio.

Diz-se: a filosofia de Platão, de Descartes, de Leibnitz; nunca se poderá dizer: a doutrina de Allan Kardec; e isto, felizmente, pois que valor pode ter um nome em assunto de tamanha gravidade?

O Espiritismo tem auxiliares de maior preponderância, ao lado dos quais somos simples átomos.

Sociedades espíritas

V. — Tendes uma sociedade que se preocupa com esses estudos: ser-me-ia possível fazer parte dela?

A. K. — Por ora, ainda não; porque se não há, para ser nela recebido, necessidade de ser doutor em Espiritismo, há, contudo, a de ter-se sobre ele ao menos idéias mais firmes do que as vossas.

Como a Sociedade não deseja ser perturbada nos seus estudos, ela não admite os que lhe viriam fazer perder tempo com questões elementares, nem os que, não simpatizando com seus princípios e convicções, lançariam a desordem no seu seio, com discussões intempestivas ou com o espírito de contradição.

É uma sociedade científica, como tantas outras, que se ocupa de aprofundar os diferentes pontos da ciência espírita e procura esclarecer-se; é o centro ao qual convergem ensinos colhidos em todas as partes do mundo e onde se elaboram e coordenam questões que se relacionam com o progresso da Ciência, mas não é uma escola nem um curso de ensino elementar. Mais tarde, quando as vossas convicções estiverem fortalecidas pelo estudo, ela decidirá se vos deve admitir. Enquanto esperais, podereis assistir, como visitante, a uma ou duas sessões, com a condição de não fazer reflexão alguma de natureza a melindrar quem quer que seja; do contrário, eu, que vos vou apresentar, incorreria na censura dos meus colegas, e a porta vos seria interdita.

Aí encontrareis uma reunião de homens graves e de boa sociedade, cuja maioria se recomenda pela superioridade do seu saber e posição social, e que não consentiria, àqueles que recebe em seu seio, se afastarem das conveniências, no que quer que seja; não creais, pois, que ela convide o público e chame o primeiro recém-vindo para assistir às suas sessões.

Como não faz demonstrações com o fim de satisfazer curiosidades, ela afasta com cuidado os curiosos.

Aqueles, pois, que supõem ir aí achar uma distração e uma espécie de espetáculo, ficarão desapontados e melhor farão se lá não forem.

Eis por que ela recusa admitir, mesmo como simples visitantes, as pessoas que não conhece, ou aquelas cujas disposições hostis são notórias.

Interdição do Espiritismo

V. — Solicito-vos uma última resposta: O Espiritismo tem poderosos inimigos; não poderiam eles interditar-lhe a prática e as sociedades e, por esse meio, impedir-lhe a propagação?

A. K. — Seria um modo de perder a partida um pouco mais cedo, porque a violência é o argumento daqueles que não têm boas razões.

Se o Espiritismo é uma quimera, ele cairá por si mesmo, sem que para isso se esforcem tanto; se o perseguem é por que o temem, e só uma coisa séria pode causar temor. Se, ao contrário, é uma realidade, então está em a Natureza, como vo-lo disse, e ninguém com um traço de pena pode revogar uma lei natural.

Se as manifestações espíritas fossem privilégio de um homem, não há dúvida que, arredando-se esse homem, se poria um termo às manifestações; infelizmente para os adversários, elas não são mistério para pessoa alguma; aí não há segredos, nada oculto, tudo se passa às claras; elas estão à disposição de todo o mundo e se produzem desde o palácio até a mansarda.

Podem interdizer-lhe o exercício público; porém, é assaz sabido que não é em público que elas mais se dão; é na intimidade; ora, desde que todos podem ser médiuns, quem impedirá que uma família no seu lar, que um indivíduo no silêncio do seu gabinete, que um prisioneiro em seu cárcere, tenha comunicações com os Espíritos, mesmo nas barbas da polícia e sem que esta o saiba?

Admitamos, entretanto, que um governo seja forte bastante para impedi-los de trabalhar em suas casas; conseguirá também que o não façam na de seus vizinhos, no mundo inteiro, quando não há país algum, nos dois hemisférios, em que não se encontrem médiuns?

O Espiritismo, além disso, não tem sua fonte entre os homens; ele é obra dos Espíritos, que não podem ser queimados nem encarcerados. Ele consiste na crença individual e não nas sociedades, que de nenhuma sorte são necessárias. Se chegassem a destruir todos os livros espíritas, os Espíritos ditariam outros.

Em resumo, o Espiritismo é hoje um fato consumado; ele já conquistou o seu lugar na opinião pública e entre as doutrinas filosóficas; é pois preciso que aqueles, a quem ele não convém, se resignem a vê-lo ao seu lado, restando-lhes a liberdade de recusá-lo.

Terceiro Diálogo

O Padre

Um abade. — Permitir-me-eis, senhor, dirigir-vos, por minha vez, algumas perguntas?

A. K. — De boa mente, reverendo; mas, antes de responder a elas, creio útil fazer-vos conhecer o terreno em que me devo colocar perante vós.

Primeiro que tudo, cumpre-me declarar que não tenho a pretensão de vos converter às nossas idéias. Se desejardes conhecê-las pormenorizadamente, encontrá-las-eis nos livros em que estão expostas; neles podereis estudá-las à vontade e aceitá-las ou rejeitá-las.

O Espiritismo tem por fim combater a incredulidade e suas funestas conseqüências, fornecendo provas patentes da existência da alma e da vida futura; ele se dirige, pois, àqueles que em nada crêem *ou que de tudo duvidam*, e o número desses não é pequeno, como muito bem sabeis; os que têm fé religiosa e a quem *esta fé satisfaz*, dele não têm necessidade.

Àquele que diz: "Eu creio na autoridade da Igreja e não me afasto dos seus ensinos, sem nada buscar além dos seus limites", o Espiritismo responde que não se impõe a pessoa alguma e que não vem forçar nenhuma convicção.

A liberdade de consciência é conseqüência da liberdade de pensar, que é um dos atributos do homem; e o Espiritismo, se não a respeitasse, estaria em contradição com os seus princípios de liberdade e tolerância.

A seus olhos, toda crença, quando sincera e não permita ao homem fazer mal ao próximo, é respeitável, mesmo que seja errônea.

Se alguém fosse por sua consciência arrastado a crer, por exemplo, que é o Sol que gira ao redor da Terra, nós lhe diríamos: "Acreditai-o se quiserdes, porque isso não fará que esses dois astros troquem os seus papéis"; mas, assim como não procuramos violentar-vos a consciência, respeitai também a nossa.

Se transformardes, porém, uma crença, de si mesma inocente, em instrumento de perseguição, ela então se tornará nociva e pode ser combatida.

Tal é, senhor abade, a linha de conduta que tenho seguido com os ministros dos diversos cultos que a mim se hão dirigido. Quando eles me interpelaram sobre alguns pontos da Doutrina, dei-lhes as explicações necessárias, abstendo-me de discutir certos dogmas de que o Espiritismo não se quer ocupar, por serem todos os homens livres em suas apreciações; nunca, porém, fui procurá-los no propósito de lhes abalar a fé por meio de qualquer pressão.

Àquele que nos procura como irmão, nós o acolhemos como tal; ao que nos repele, deixamo-lo em paz. É o conselho que não tenho cessado de dar aos espíritas, porque não concordo com os que se arrogam a missão de converter o clero. Sempre lhes tenho dito: Semeai no campo dos incrédulos, onde há colheita a fazer.

O Espiritismo não se impõe, porque, como vo-lo disse — respeita a liberdade de consciência; ele sabe também que toda crença imposta é superficial e não desperta senão as aparências da fé; nunca, porém, a fé sincera. Ele expõe seus princípios aos olhos de todos, de modo a cada um poder formar opinião segura.

Os que lhe aceitam os princípios, sacerdotes ou leigos, o fazem livremente e pelos achar racionais; mas nós não ficamos querendo mal aos que se afastam da nossa opinião. Se hoje há luta entre a Igreja e o Espiritismo, nós temos consciência de não havê-la provocado.

Padre. — Se a Igreja, vendo levantar-se uma nova doutrina, cujos princípios, em consciência, julga dever condenar, podeis contestar-lhe o direito de discuti-los e combatê-los, premunindo os fiéis contra o que ela considera erro?

A. K. — De modo algum podemos contestar esse direito, que também reclamamos para nós outros.

Se ela se houvesse encerrado nos limites da discussão, nada haveria de melhor; lede, porém, a maioria dos discursos proferidos por seus membros e publicados em nome da religião, os sermões que têm sido pregados, e vereis neles a injúria e a calúnia transbordando por toda parte e os princípios da doutrina sempre indigna e perversamente desfigurados.

Do alto do púlpito, não temos sido — os espíritas — qualificados de inimigos da sociedade e da ordem pública, não temos sido anatematizados e rejeitados pela Igreja, sob o pretexto de que é melhor ser incrédulo do que crer-se em Deus e na alma pelos ensinos do Espiritismo?

Não lamentam muitos, hoje, não se poder atear para os espíritas as fogueiras da Inquisição?

Em certas localidades não têm sido assinalados à animadversão de seus concidadãos, a ponto de fazer que sejam nas ruas perseguidos e injuriados?

Não se tem imposto a todos os fiéis que os evitem como pestíferos, e impedido que os criados entrem a seu serviço?

Muitas mulheres não têm sido aconselhadas a separarem-se de seus maridos, como muitos maridos de suas mulheres, tudo por causa do Espiritismo?

Não se têm tirado lugares a empregados, retirado o pão do trabalho a operários e recusado caridade aos necessitados, por serem eles espíritas?

Não se têm despedido de alguns hospitais, até cegos, pelo fato de não quererem abjurar sua crença?

Dizei-me, senhor abade, será isso uma discussão leal?

Os espíritas responderam, porventura, à injúria com a injúria, ao mal com o mal?

Não. A tudo opuseram eles sempre a calma e a moderação. A consciência pública já lhes faz a justiça de reconhecer não terem sido eles os agressores.

Padre. — Todo homem sensato deplora esses excessos; mas a Igreja não pode ser responsável pelos abusos cometidos por alguns de seus membros pouco esclarecidos.

A. K. — Convenho; mas, entrarão na classe dos pouco esclarecidos os príncipes da Igreja?

Vede a pastoral do bispo de Argel e de alguns outros.

Não foi um bispo quem ordenou o auto-de-fé de Barcelona?

A autoridade superior eclesiástica não tem todo o poder sobre os seus subordinados?

Se ela tolera esses sermões indignos da cadeira evangélica; se ela patrocina a publicação de escritos injuriosos e difamatórios contra uma classe inteira de cidadãos, e se não se opõe às perseguições exercidas em nome da religião, é porque as aprova.

Em resumo, a Igreja, repelindo sistematicamente os espíritas que a buscavam, forçou-os a retroceder; pela natureza e violência dos seus ataques ela ampliou a discussão e conduziu-a para um terreno novo. O Espiritismo era apenas uma simples doutrina filosófica; foi a Igreja quem lhe deu maiores proporções, apresentando-o como inimigo formidável; foi ela, enfim, quem o proclamou nova religião. Foi um passo errado, mas a paixão não raciocina melhor.

Um livre pensador. — Há pouco proclamastes a liberdade de pensamento e de consciência, e declarastes que toda crença sincera é respeitável. O materialismo é uma crença como outra qualquer; por que negar-lhe a liberdade que concedeis a todas as outras?

A. K. — Cada um é, certamente, livre de crer no que quiser ou de não crer em coisa alguma; e não toleraríamos mais uma perseguição contra aquele que acredita no nada depois da morte, assim como na promovida contra um cismático de qualquer religião.

Combatendo o materialismo, não atacamos os indivíduos, mas sim uma doutrina que, se é inofensiva para a sociedade, quando se encerra no foro íntimo da consciência de pessoas esclarecidas, é uma chaga social, se vier a generalizar-se.

A crença de tudo acabar para o homem depois da morte, que toda solidariedade cessa com a extinção da vida corporal, leva-o a considerar como um disparate o sacrifício do seu bem-estar presente, em proveito de outrem; donde a máxima: "Cada um por si durante a vida terrena, porque com ela tudo se acaba."

A caridade, a fraternidade, a moral, em suma, ficam sem base alguma, sem nenhuma razão de ser. Para que nos molestarmos, nos constrangermos e nos sujeitarmos a privações hoje, quando amanhã, talvez, já nada sejamos?

A negação do futuro, a simples dúvida sobre outra vida, são os maiores estimulantes do egoísmo, origem da maioria dos males da Humanidade. É necessário possuir alta dose de virtude para não seguir a corrente do vício e do crime, quando para isso não se tem outro freio além do da própria força de vontade.

O respeito humano pode conter o homem do mundo, mas não contém aquele que não dá importância à opinião pública.

A crença na vida futura, mostrando a perpetuidade das relações entre os homens, estabelece entre eles uma solidariedade que não se quebra na tumba; desse modo, essa crença muda o curso das idéias. Se essa crença fosse um simples espantalho, não duraria senão um tempo curto; mas, como a sua realidade é fato adquirido pela experiência, é um dever propagá-la e combater a crença contrária, mesmo no interesse da ordem social. É o que faz o Espiritismo; e o faz com êxito, porque fornece provas, e porque, decididamente, o homem antes quer ter a certeza de viver e poder ser feliz em um mundo melhor, para compensação das misérias deste mundo, do que a de morrer para sempre. O pensamento de ser aniquilado, de ver os filhos e os entes que lhe são mais caros perdidos, sem remissão, sorri a um bem limitado número, acreditai-me; é o motivo do tão pequeno êxito obtido pelos ataques dirigidos contra o Espiritismo, em nome da incredulidade, os quais não lhe produziram o menor abalo.

Padre. — A religião ensina tudo isso; até agora foi suficiente; qual é hoje a necessidade de uma nova doutrina?

A. K. — Se a religião ensina o bastante, por que há tantos incrédulos, religiosamente falando?

Ela prega, é verdade; ela nos manda crer, mas há muita gente que não crê por simples afirmação. O Espiritismo prova e faz ver o que a religião ensina em teoria. Além disso, donde vêm essas provas? Da manifestação dos Espíritos.

Ora, é provável que os Espíritos só se manifestem com o consentimento de Deus; se, pois, Deus em sua misericórdia envia aos homens esse socorro para afastá-los da incredulidade, é uma impiedade repeli-lo.

Padre. — Não podeis, entretanto, contestar que o Espiritismo não está, em todos os pontos, de acordo com a religião.

A. K. — Ora, senhor abade, todas as religiões dirão a mesma coisa: os protestantes, os judeus, os muçulmanos, tanto quanto os católicos.

Se o Espiritismo negasse a existência de Deus, da alma, da sua individualidade e imortalidade, das penas e recompensas futuras, do livre-arbítrio do homem; se ele ensinasse que cada um só deve viver para si, não pensar senão em si, não só seria contrário à religião católica, como a todas as religiões do mundo; ele seria ainda a negação de todas as leis morais, base das sociedades humanas.

Longe disso: os Espíritos proclamam um Deus único, soberanamente justo e bom; eles dizem que o homem é livre e responsável por seus atos, recompensado ou punido pelo bem ou pelo mal que houver feito; colocam acima de todas as virtudes a caridade evangélica e a seguinte regra sublime ensinada pelo Cristo: fazer aos outros como queremos que nos seja feito.

Não são estes os fundamentos da religião?

Essa certeza do futuro, de se ir encontrar aqueles a quem se amou, não será uma consolação?

Essa grandiosidade da vida espiritual, que é a nossa essência, comparada às mesquinhas preocupações da vida terrena, não será própria a elevar a nossa alma e a fortalecer-nos na prática do bem?

Padre. — Concordo que, nas questões gerais, o Espiritismo é conforme às grandes verdades do Cristianismo; dar-se-á, porém, o mesmo em relação aos dogmas?

Não contradiz ele alguns princípios que a Igreja nos ensina?

A. K. — O Espiritismo é, antes de tudo, uma ciência, não cogita de questões dogmáticas. Esta ciência tem conseqüências morais como todas as ciências filosóficas; essas conseqüências são boas ou más?

Pode-se julgá-las pelos princípios gerais que acabo de expor.

Algumas pessoas se iludem sobre o verdadeiro caráter do Espiritismo. A questão é de grande importância e merece alguns desenvolvimentos. Façamos primeiro um termo de comparação: a eletricidade, estando na Natureza, existiu em todo tempo e produziu sempre os efeitos que hoje observamos e muitos outros que ainda não conhecemos. Na ignorância da sua verdadeira causa, os homens explicavam esses efeitos de um modo mais ou menos extravagante. A descoberta da eletricidade e de suas propriedades veio lançar por terra um punhado de teorias absurdas, espargindo a luz por sobre mais de um mistério da Natureza. O que fizeram a eletricidade e as ciências físicas para certos fenômenos, o Espiritismo o fez para outros de ordem diferente.

O Espiritismo funda-se na existência de um mundo invisível, formado pelos seres incorpóreos que povoam o espaço e que não são mais que as almas daqueles que viveram na Terra, ou em outros globos, nos quais deixaram seus invólucros materiais. São os seres a que chamamos Espíritos, seres que nos cercam e incessantemente exercem sobre os homens, sem que estes o percebam, uma grande influência, e desempenham papel muito ativo no mundo moral, e mesmo, até certo ponto, no físico.

O Espiritismo está, pois, em a Natureza e podemos dizer que, numa certa ordem de idéias, é ele uma potência, como a eletricidade o é sob outro ponto de vista, e como ainda a gravitação é uma outra. Os fenômenos, de que o mundo invisível é a fonte, produziram-se em todos os tempos; eis aí por que a história de todos os povos faz deles menção. Somente, em sua ignorância, como se deu com a eletricidade, os homens os atribuíam a causas mais ou menos racionais, e deram, nesse ponto de vista, livre curso à sua imaginação.

Mais bem observado depois que se vulgarizou, o Espiritismo vem derramar luz sobre grande número de questões, até hoje insolúveis ou mal compreendidas. Seu verdadeiro caráter é, pois, o de uma ciência e não de uma religião*; e a prova disso é que ele conta entre os seus aderentes homens de todas as crenças, que por esse fato não renunciaram às suas convicções: católicos fervorosos que não deixam de praticar todos os deveres do seu culto, quando a Igreja os não repele; protestantes de todas as seitas, israelitas, muçulmanos e mesmo budistas e bramanistas.

Ele repousa, por conseguinte, em princípios independentes das questões dogmáticas. Suas conseqüências morais são todas no sentido do Cristianismo, porque de todas as doutrinas é esta a mais esclarecida e pura; razão pela qual, de todas as seitas religiosas do mundo, os cristãos são os mais aptos para compreendê-lo em sua verdadeira essência.

Podemos exprobrá-lo por isso?

Cada um pode formar de suas opiniões uma religião e interpretar à vontade as religiões conhecidas; mas daí a constituir nova Igreja, a distância é grande.

Padre. — As evocações, entretanto, não são feitas segundo uma fórmula religiosa?

A. K. — Realmente, o sentimento religioso domina nas evocações e em nossas reuniões; mas não temos fórmula sacramental: para os Espíritos o pensamento é tudo e a

---

* Ver *Reformador* de 1949, pág. 217. — **Nota da Editora**.

forma é nada. Nós os chamamos em nome de Deus, porque cremos em Deus e sabemos que nada se faz neste mundo sem sua permissão, e, portanto, que eles não virão sem que Deus o permita; procedemos em nossos trabalhos com calma e recolhimento, porque essa é uma condição necessária para as observações, e, em segundo lugar, porque sabemos o respeito que se deve àqueles que não vivem mais sobre a Terra, qualquer que seja sua condição, feliz ou infeliz, no mundo espiritual; fazemos um apelo aos bons Espíritos, porque, conhecendo que há bons e maus, desejamos que estes últimos não venham tomar parte fraudulentamente nas comunicações que recebemos.

Que prova tudo isto? Que não somos ateus, o que não quer dizer que sejamos professos de religião reformada.

Padre. — Pois bem! Que dizem os Espíritos superiores a respeito da religião? Os bons nos devem aconselhar e guiar.

Suponhamos que eu não tenha religião alguma e queira escolher uma; se eu lhes pedir para aconselharem-me se devo ser católico, protestante, anglicano, quáquer, judeu, maometano ou mórmon, qual será a resposta deles?

A. K. — Há dois pontos a considerar nas religiões: os princípios gerais, comuns a todas, e os princípios particulares de cada uma delas. Os primeiros são os de que falamos há pouco; estes são proclamados por todos os Espíritos, qualquer que seja a sua classe. Quanto aos segundos, os Espíritos *vulgares*, sem ser maus, podem ter preferências, opiniões; podem preconizar esta ou aquela forma, animar certas práticas, seja por convicção pessoal, seja porque conservaram as idéias da vida terrena, seja por prudência, para não assustar as consciências timoratas.

Acreditais, por exemplo, que um Espírito esclarecido, fosse mesmo Fénelon, dirigindo-se a um muçulmano, irá inabilmente dizer-lhe que Maomet é um impostor, e que ele será condenado se não se fizer cristão?

Não o fará, porque seria repelido.

Em geral, os Espíritos superiores, se a isso não são solicitados por alguma consideração especial, não se preocupam com essas questões de minúcia, eles se limitam a dizer: Deus é bom e justo; não quer senão o bem; a melhor de todas as religiões é aquela que só ensina o que é conforme à bondade e justiça de Deus; que dá de Deus a maior e a mais sublime idéia e não O rebaixa emprestando-Lhe as fraquezas e as paixões da humanidade; que torna os homens bons e virtuosos e lhes ensina a amarem-se todos como irmãos; que condena todo mal feito ao próximo; que não autoriza a injustiça sob qualquer forma ou pretexto que seja; que nada prescreve de contrário às leis imutáveis da Natureza, porque Deus não se pode contradizer; aquela cujos ministros dão o melhor exemplo de bondade, caridade e moralidade; aquela que procura melhor combater o egoísmo e lisonjear menos o orgulho e a vaidade dos homens; aquela, finalmente, em nome da qual se comete menos mal, porque uma boa religião não pode servir de pretexto a nenhum mal; ela não lhe deve deixar porta alguma aberta, nem diretamente, nem por interpretação. Vede, julgai e escolhei.

Padre. — Creio que certos pontos da doutrina católica são contestados pelos Espíritos que considerais superiores; supondo mesmo que esses princípios sejam errôneos, poderá tal crença, segundo a opinião dos ditos Espíritos, ser prejudicial à salvação daqueles que, errando ou acertando, a consideram artigo de fé e a praticam?

A. K. — Certamente que não, se ela os não desviar da prática do bem, se ela antes os incitar a isso; ao passo que a mais bem fundada crença os prejudicará evidentemente, se lhes fornecer ocasião de fazer o mal, de faltar à caridade com o próximo, se ela os tornar duros e egoístas, por que então não praticam segundo a lei de Deus, e Deus olha mais os pensamentos que os atos. Quem poderá sustentar o contrário?

Acreditais, por exemplo, que a fé possa ser proveitosa a um homem que, crendo perfeitamente em Deus, pratique atos inumanos ou contrários à caridade? Não haverá sempre mais culpa naquele que mais meios tinha de esclarecimento?

Padre. — Assim, o católico fervoroso, que escrupulosamente cumpre com os deveres do seu culto, não é censurado pelos Espíritos?

A. K. — Não, se isso é para ele uma questão de consciência, se ele o faz com sinceridade; sim, mil vezes sim, se for hipócrita, se só tiver piedade aparente.

Os Espíritos superiores, os encarregados do progresso da Humanidade, declararam-se contra todos os abusos que podem retardar esse progresso, qualquer que seja a natureza deles e quaisquer que sejam os indivíduos ou as classes que deles se aproveitem.

Ora, não se pode negar que a religião nem sempre esteve isenta de abusos; se, entre os seus ministros, há muitos que desempenham sua missão com devotamento inteiramente cristão, que a fazem grande, bela e respeitável, convireis que nem todos assim sempre compreenderam a santidade do seu ministério. Os Espíritos combatem o mal, onde quer que ele se ache; mas, assinalar os abusos da religião, será atacá-la?

Ela não tem inimigos piores que aqueles que defendem esses abusos, abusos que fazem nascer o pensamento de poder ser ela substituída por outra melhor. Se a religião corresse qualquer perigo, deveria a responsabilidade cair sobre os que dão dela falsa idéia, transformando-a em arena de paixões humanas e explorando-a em proveito de sua ambição.

Padre. — Dissestes que o Espiritismo não discute os dogmas, e, entretanto, ele admite certos pontos combatidos pela Igreja, tais como, por exemplo, a reencarnação, a aparição do homem na Terra, antes de Adão; nega a eternidade das penas, a existência dos demônios, o purgatório e o fogo do inferno.

A. K. — Já de há muito que esses pontos estão sendo discutidos; não foi o Espiritismo quem os pôs em litígio; são pontos sobre alguns dos quais há controvérsia, mesmo entre os teólogos, e que só o futuro julgará. Um grande princípio domina a todos: a prática do bem, que é a lei superior, a condição *sine qua non* do nosso futuro, como no-lo prova o estado dos Espíritos que conosco se comunicam.

Enquanto a luz não se faz para vós sobre essas questões, crede, se o quiserdes, nas chamas e torturas materiais, se julgais que isso impede que pratiqueis o mal; essa crença, porém, não as tornará mais reais se elas não existirem.

Acreditais que não temos mais de uma existência corporal, mas isto não impede de renascerdes aqui ou em outra parte, se assim tiver de ser, apesar de o não quererdes; credes que o mundo todo foi criado em seis vezes vinte e quatro horas, mas, apesar disso, a Terra nos apresenta a prova do contrário, escrita em suas camadas geológicas; estais convencido de haver Josué feito parar o Sol, o que não dá lugar a que deixe de ser a Terra que gira; dizeis que a data da vinda do homem à Terra não vai além de 6.000 anos: isto, porém, não priva que os fatos vos contradigam. E que direis se um dia a Geologia demonstrar, por traços patentes, a anterioridade do homem, como já tem demonstrado tantas outras coisas?

Crede, pois, em tudo que vos aprouver, mesmo na existência do diabo, se tal crença vos puder tornar bom, humano e caridoso para com os vossos semelhantes. O Espiritismo, como doutrina moral, só impõe uma coisa: a necessidade de fazer o bem e evitar o mal. É uma ciência de observação que, repito, tem conseqüências morais, que são a confirmação e a prova dos grandes princípios da religião; quanto às questões secundárias, ele as abandona à consciência de cada um.

Notai bem, reverendo, que alguns dos pontos divergentes de que acabastes de falar, não são, em princípio, contestados pelo Espiritismo. Se tivésseis lido tudo quanto tenho escrito a respeito, teríeis visto que ele se limita a dar-lhes uma interpretação mais lógica e racional do que a que vulgarmente se lhes dá.

É assim, por exemplo, que ele não nega o purgatório; antes, pelo contrário, demonstra sua necessidade e justiça; vai mesmo além: ele o define. O inferno foi descrito como imensa fornalha, mas ele será assim também compreendido pela alta teologia? Evidentemente, não; ela diz muito bem que isto é uma simples figura; que o fogo que ali se consome é um fogo moral, símbolo das maiores dores. Quanto à eternidade das penas, se fosse possível pôr-se a votos tal questão, para se conhecer a opinião íntima de todos os homens que raciocinam e se acham no caso de compreendê-la, mesmo entre os mais religiosos se veria para que lado penderia a maioria, porque a idéia de uma eternidade de suplícios é a negação da infinita misericórdia de Deus.

Eis, demais, o que avança a Doutrina Espírita a tal respeito:

A duração do castigo é subordinada ao melhoramento do Espírito culpado. Nenhuma condenação por tempo determinado é pronunciada contra ele. O que Deus exige, para pôr um termo aos sofrimentos, é o arrependimento, a expiação e a *reparação*; em uma palavra, um melhoramento sério e efetivo, uma volta sincera ao bem. O Espírito é assim o árbitro de sua própria sorte; sua pertinácia no mal prolonga-lhe os sofrimentos; seus esforços para fazer o bem os minoram ou abreviam. Sendo a duração da pena subordinada ao arrependimento, o Espírito culpado, que não se arrependesse e nunca se melhorasse, sofreria sempre, e para ele então a pena seria eterna. Essa eternidade de penas deve ser entendida no sentido relativo e não no absoluto. Uma condição inerente à inferioridade do Espírito é não ver o termo da sua situação e crer que há de sofrer sempre — o que é para ele um castigo. Desde que, porém, sua alma se abra ao arrependimento, Deus lhe faz entrever um raio de esperança.

Esta doutrina é, por certo, mais conforme à justiça de Deus, que pune, enquanto o culpado persiste no mal, e concede-lhe graça desde que ele volte ao bom caminho. Quem imaginou essa teoria? Seríamos nós?

Não; são os Espíritos que a ensinam e provam, pelos exemplos que diariamente nos fornecem. Os Espíritos não negam, pois, as penas futuras, pois que são eles mesmos que nos vêm descrever seus próprios sofrimentos; e este quadro nos toca mais que o das chamas perpétuas, porque tudo nele é perfeitamente lógico. Compreende-se que isto é possível, que assim deve ser, que essa situação é uma conseqüência natural das coisas; o pensador filósofo pode aceitá-lo, porque nele nada repugna à razão. Eis por que as crenças espíritas têm conduzido ao bem muita gente, mesmo entre os materialistas, aos quais não fazia mossa o medo do inferno, como lhes era pintado.

Padre. — Admitindo esse raciocínio, não julgais que o vulgo precisa de imagens mais impressionantes, antes que de uma filosofia que ele não pode compreender?

A. K. — É isso um erro que tem lançado mais de um homem no materialismo, ou, pelo menos, afastado mais de um homem da religião. Chega o momento em que essas imagens não impressionam mais, e então aqueles que não aprofundam as coisas, não aceitando uma parte, rejeitam o todo, porque, dizem eles: se me ensinaram como verdade incontestável um ponto que é falso, se me deram uma imagem, uma figura, pela realidade, quem me afiança que o resto seja verdadeiro? Se, pelo contrário, a razão, crescendo, nada tem a repelir, a fé se fortifica. A religião ganhará sempre em seguir o progresso das idéias; se alguma vez ela corre perigo, é quando os homens querem avançar e ela deseja ficar estacionária. Comete um erro de época quem espera conduzir os homens de hoje pelo medo do demônio e das torturas eternas.

Padre. — A Igreja, com efeito, reconhece hoje que o inferno material é uma figura; mas isso não exclui a existência dos demônios; sem eles, como explicar a influência do mal, que não pode vir de Deus?

A. K. — O Espiritismo não admite os demônios no sentido vulgar da palavra, porém, sim, os maus Espíritos, que não valem mais do que aqueles e que fazem igualmente o mal, suscitando maus pensamentos; somente ele diz não serem eles seres à parte, criados para o mal e perpetuamente votados a isto, espécie de párias da criação e algozes do gênero humano; são seres atrasados, ainda imperfeitos, mas aos quais Deus reservará o futuro. Nisso concorda o Espiritismo com a Igreja Católica Grega, que admite a conversão de Satã, alusão ao melhoramento dos maus Espíritos.

Notai também que a palavra *demônio* não implica a idéia de mau Espírito, que lhe é dada pela acepção moderna, porque a palavra *daimôn*, grega, significa gênio, *inteligência*. Seja como for, hoje ela exprime um Espírito mau.

Ora, admitir a comunicação dos maus Espíritos é reconhecer, em princípio, a realidade das manifestações. A questão está em saber se são eles os únicos que se comunicam, como afirma a Igreja para motivar a proibição, feita por ela, de se comunicar com os Espíritos. Aqui, nós invocamos o raciocínio e os fatos.

Se os Espíritos, quaisquer que eles sejam, se comunicam, não pode ser senão com a permissão de Deus; é possível que Ele só o tivesse permitido aos maus?

Como?! deixando a estes toda a liberdade de virem enganar os homens, Deus poderia impedir que os bons lhes viessem fazer um contrapeso, neutralizar suas doutrinas perniciosas?

Crer que seja assim, não seria pôr em dúvida seu poder e bondade, e fazer de Satã um rival da Divindade?

A Bíblia, o Evangelho, os Padres da Igreja reconhecem perfeitamente a possibilidade das comunicações com o mundo invisível, e desse mundo não estão excluídos os bons; por que, pois, havemos hoje de excluí-los?

Além disso, a Igreja, admitindo a autenticidade de certas aparições e comunicações de santos, rejeita assim a idéia de só podermos entrar em relação com os maus Espíritos. Seguramente, quando nos trabalhos obtidos só encontramos coisas boas, quando nos pregam neles a mais pura e sublime moral evangélica, a abnegação, o desinteresse e o amor ao próximo; quando neles se combate o mal, qualquer que seja o aspecto sobre que se mostre, será racional crer que o Espírito maligno assim proceda?

Padre. — O Evangelho ensina que o anjo das trevas, ou Satã, se transforma em anjo de luz para seduzir os homens.

A. K. — Satã, segundo o Espiritismo e a opinião de muitos filósofos cristãos, não é um ser real; é a personificação do Mal, como Saturno era outrora a do Tempo. A Igreja apega-se à letra dessa figura alegórica; é uma questão de opinião que eu não discutirei.

Admitamos, por um instante, que Satã seja um ser real; a Igreja, à força de exagerar seu poder, tendo em vista intimidar, chega a um resultado totalmente contrário, isto é, à destruição, não somente do medo, mas também da crença em tal personagem, segundo o provérbio: Quem muito quer provar, nada prova. Ela o representa como eminentemente fino, sagaz e ardiloso, mas, na questão do Espiritismo, fá-lo desempenhar o papel de louco ou de tolo.

Uma vez que seu fim é alimentar de vítimas o inferno e arrebatar almas do poder de Deus, compreende-se que se dirija àqueles que estão no bem para induzi-los ao mal, e, para tal fim, se veja obrigado a transformar-se, segundo belíssima alegoria, em anjo de luz, isto é, que ele hipocritamente simule a virtude; mas, que deixe escapar aqueles que já estavam em suas redes, é o que não se pode compreender.

Os que não admitem Deus nem a alma, que desprezam a prece e vivem mergulhados no vício, são dele, quanto é possível ser-se; nada mais lhe resta fazer para sepultá-los no lamaçal; ora, excitá-los a voltar a Deus, a orar, a submeter-se à vontade do Criador, animá-los a renunciar ao mal, mostrando-lhes a felicidade dos escolhidos e a triste sorte que aguarda os maus, seria ato de um simplório, mais estúpido que o de dar liberdade a aves que estejam numa gaiola, com o pensamento de apanhá-las de novo.

Há, pois, na doutrina da comunicação exclusiva dos demônios uma contradição que fere todo homem sensato; nunca se persuadirá alguém que os Espíritos que reconduzem a Deus aqueles que o renegavam, ao bem os que praticavam o mal; que consolam os aflitos, dão força e coragem aos fracos; que, pela sublimidade de seus ensinos, elevam a alma acima da vida material, sejam auxiliares de Satã, e que, por este motivo, se deva interdizer-nos qualquer relação com o mundo invisível.

Padre. — Se a Igreja proíbe as comunicações com os Espíritos dos mortos, é porque elas são contrárias à religião, como sendo formalmente condenadas pelo Evangelho e por Moisés. Este último, pronunciando a pena de morte contra essas práticas, prova quanto elas são repreensíveis aos olhos de Deus.

A. K. — Peço-vos perdão, mas essa proibição não se encontra em parte alguma do Evangelho; ela se acha somente na lei moisaica. Trata-se de saber se a Igreja coloca a lei moisaica acima da evangélica; assim será, por certo, se ela for mais judia que cristã.

Devemos mesmo notar que, de todas as religiões, é a judaica a que faz menos oposição ao Espiritismo, contra cujas evocações ela não invocou a lei de Moisés, em que se apóiam as seitas cristãs. Se as prescrições bíblicas são o código da fé cristã, por que proíbem a leitura da Bíblia?

Que diriam se se proibisse a um cidadão o estudo do código das leis do seu país?

A proibição feita por Moisés tinha então a sua razão de ser, porque o legislador hebreu queria que o seu povo rompesse com todos os hábitos trazidos do Egito, e de entre os quais o de que tratamos era objeto de abusos.

Não se evocava então os mortos pelo respeito e afeição tributados a eles, nem com o sentimento de piedade, mas, sim, como meio de adivinhar, como objeto de tráfico vergonhoso, explorado pelo charlatanismo e pela superstição; nessas condições, Moisés teve razão de proibi-lo. Se ele pronunciou contra esse abuso uma penalidade severa, é que eram precisos meios rigorosos para conter esse povo indisciplinado; também quanto à pena de morte, era pródiga a sua legislação.

É, pois, um erro apoiar-se na severidade do castigo para provar-se o grau de culpabilidade da evocação dos mortos. Se a interdição da evocação aos mortos vem do próprio Deus, como a Igreja pretende, deve também ser Deus quem marcou a pena de morte contra os delinqüentes. Esta pena passa a ter uma origem tão sagrada como a interdição; neste caso, por que não a conservam também? Todas as leis de Moisés são promulgadas em nome e por ordem de Deus; se crêem que Deus seja o autor delas, por que não as observam ainda? Se a lei de Moisés é para a Igreja um artigo de fé sobre um ponto, por que deixa de sê-lo sobre os outros todos? Por que recorrem a ela naquilo de que precisam, e repelem-na no que não julgam conveniente? Qual o motivo de não seguirem todas as suas prescrições, entre outras a da circuncisão, a que Jesus se sujeitou e que não aboliu?

Havia na lei moisaica duas partes: 1ª, a lei de Deus, resumida nas tábuas do Sinai; lei que foi conservada porque é divina, e o Cristo não fez mais que desenvolvê-la; 2ª, a lei civil ou disciplinar, apropriada aos costumes do tempo, e que o Cristo aboliu. Hoje as circunstâncias são outras, e a proibição de Moisés já não tem razão de ser. Além disso, se a Igreja proíbe a evocação dos Espíritos, poderá também impedir que eles venham sem ser chamados? Não estamos vendo diariamente manifestações de todos os gêneros, entre pessoas que nunca se ocuparam com o Espiritismo? e antes de ele ser divulgado não se davam tantas delas?

Outra contradição: Se Moisés proibiu evocar os Espíritos dos mortos, é uma prova de que eles podem vir; do contrário essa interdição seria inútil. Se, em seu tempo, podiam eles entrar em relação com os homens, ainda hoje o podem, e, se são Espíritos de mortos, não são exclusivamente demônios. Antes de tudo, devemos ser lógicos.

Padre. — A Igreja não nega que bons Espíritos possam comunicar-se, pois reconhece que os santos também se têm manifestado; ela, porém, não considera bons aqueles que vêm contradizer seus princípios imutáveis. Os Espíritos ensinam, é verdade, que há penas e recompensas futuras, porém, de modo diverso do que ela ensina; só ela pode julgar o que eles pregam e, portanto, distinguir os bons dos maus.

A. K. — Eis a magna questão. Galileu foi acusado de heresia e de ser inspirado pelo demônio, porque vinha revelar uma lei da Natureza, provando o erro de uma crença julgada inatacável, e, então, foi condenado e excomungado.

Se os Espíritos tivessem, sobre todos os pontos, abundado no sentido exclusivo da Igreja, se eles não proclamassem a liberdade de consciência e não condenassem certos abusos, teriam sido todos bem-vindos e não os qualificariam de demônios. Tal é também a razão por que todas as religiões, os muçulmanos como os católicos, crendo-se na posse exclusiva da verdade absoluta, olham como obra do demônio qualquer doutrina que não é inteiramente ortodoxa, do seu ponto de vista. Ora, os Espíritos vêm, não derribar a religião, mas, como Galileu, revelar-nos novas leis da Natureza. Se alguns pontos de fé sofrem com isto, é porque, como na velha crença de girar o Sol ao redor da Terra, estão em contradição com essas leis. A questão está em saber se um artigo de fé pode anular uma lei natural, que é obra de Deus; e se, sendo essa lei reconhecida, não será mais racional adaptar a interpretação do dogma a ela, do que atribuí-la ao demônio.

Padre. — Deixemos a questão dos demônios; bem sei que ela é diversamente interpretada pelos teólogos; porém, o sistema da reencarnação parece-me mais difícil de conciliar com os dogmas, pois que ele não é mais que a renovação da metempsicose de Pitágoras.

A. K. — Não é esta a ocasião própria de discutir uma questão que exige tão longos desenvolvimentos: vós a encontrareis tratada em *O Livro dos Espíritos* e em *O Evangelho segundo o Espiritismo* (vede *O Livro dos Espíritos*, nº 166 e seg., 222 e seg. e 1.010; *O Evangelho*, caps. IV e V); não acrescentarei senão duas palavras.

A metempsicose dos antigos consistia na transmigração da alma do homem nos animais, o que implica uma degradação. Demais, essa doutrina não era o que vulgarmente se crê. A transmigração pelos corpos dos animais não era considerada como condição inerente à natureza da alma humana, mas como punição temporária; é assim que se admitia que as almas dos assassinos iam habitar os corpos dos animais ferozes, para neles receberem castigos; as dos impudicos, os porcos e javalis; as dos inconstantes e estouvados, os das aves; as dos preguiçosos e ignorantes, os dos animais aquáticos. Depois de alguns milhares de anos, mais ou menos, conforme a culpabilidade, a alma, saindo dessa espécie de prisão, voltava à humanidade. A encarnação animal não era, pois, uma condição absoluta; ela, como se vê, aliava-se à encarnação humana, e a prova é que a punição dos homens tímidos consistia em passar a corpos de mulheres, expostas ao desprezo e às injúrias. (Vede *Pluralidade das existências da alma*, por Pezzani.) Era uma espécie de espantalho para os simples, antes que um artigo de fé para os filósofos. Assim como dizemos às crianças: "Se fordes más, o lobo vos comerá", os antigos diziam aos criminosos: "Vós vos tornareis em lobos", e hoje se diz: "O diabo vos agarrará e levará para o inferno".

A pluralidade das existências, segundo o Espiritismo, difere essencialmente da metempsicose, em não admitir aquele a encarnação da alma humana nos corpos de animais, mesmo como castigo. Os Espíritos ensinam que a alma não retrograda, mas progride sempre. Suas diferentes existências corpóreas se cumprem na humanidade, sendo cada uma um passo que a alma dá na senda do progresso intelectual e moral; o que é coisa muito diversa da metempsicose.

Não podendo adquirir um desenvolvimento completo em uma só existência, muitas vezes abreviada por causas acidentais, Deus lhe permite continuar, em nova encarnação, o que ela não pôde acabar em outra, ou recomeçar o que fez errado. A expiação na vida corporal consiste nas tribulações que nela sofremos.

Quanto à questão de saber se a pluralidade das existências da alma é ou não contrária a certos dogmas da Igreja, limito-me a dizer o seguinte:

Ou a reencarnação existe, ou não; se existe, é uma lei da Natureza. Para provar que ela não existe, seria necessário demonstrar que vai de encontro, não aos dogmas, mas a essas leis, e que há outra mais clara e logicamente melhor que ela, explicando as questões que só ela pode resolver. Além disso, é fácil demonstrar que certos dogmas encontram nela sanção racional, hoje aceitos por aqueles que os repeliam outrora, por falta de compreensão. Não se trata, pois, de destruir, mas de interpretar; é o que pela força das coisas será feito mais tarde.

Aqueles que não queiram aceitar a interpretação ficam perfeitamente livres, como ainda hoje o são, de crer que é o Sol que gira ao redor da Terra. A idéia da pluralidade das existências se vulgariza com pasmosa rapidez, em razão de sua extrema lógica e conformidade com a justiça de Deus. Quando ela for reconhecida como verdade natural e aceita por todos, que fará a Igreja?

Em resumo: a reencarnação não é um sistema imaginado para satisfação das necessidades de um ideal, nem uma opinião pessoal; é ou não um fato. *Se está demonstrado que certos efeitos existentes são materialmente impossíveis sem a reencarnação, é preciso admitirmos que eles são a conseqüência desta*; logo, se está em a Natureza, não pode ser anulada por uma opinião contrária.

Padre. — Segundo os Espíritos, quem não crê neles nem nas suas manifestações, deve ser menos aquinhoado na vida futura?

A. K. — Se esta crença fosse indispensável à salvação dos homens, que seria daqueles que, desde o começo do mundo, não tiveram possibilidade de possuí-la, bem como daqueles que, durante ainda muito tempo, morrerão sem tê-la? Poderá Deus cerrar-lhes as portas do futuro?

Não; os Espíritos que nos instruem não são assim tão pouco lógicos; eles nos dizem: Deus é soberanamente justo e bom, não faz a sorte futura do homem subordinar-se a condições alheias à vontade deste; eles não nos pregam que fora do Espiritismo não possa haver salvação, mas sim, como o Cristo: *Fora da caridade não há salvação.*

Padre. — Permiti-me, então, dizer-vos que, desde que os Espíritos só ensinam os princípios de moral encontrados no Evangelho, não vejo qual possa ser a utilidade do Espiritismo, visto como antes que este viesse e hoje, sem ser por ele, podíamos e podemos alcançar a salvação. Não seria o mesmo se os Espíritos viessem ensinar algumas grandes verdades novas, alguns desses princípios que mudam a face do mundo, como fez o Cristo. Ao menos o Cristo era só, sua doutrina era única, ao passo que os Espíritos se contam por milhares e se contradizem, uns dizendo que é branco o que outros afirmam ser negro; do que resulta que, já desde o começo, seus partidários formam muitas seitas. Não seria melhor deixarmos os Espíritos tranqüilos e contentarmo-nos com o que já temos?

A. K. — Errais, meu amigo, em não sair do vosso ponto de vista e em considerar sempre a Igreja como o único critério dos conhecimentos humanos.

Se o Cristo disse a verdade, o Espiritismo não podia dizer outra coisa, e em vez de por isso apedrejá-lo, deve-se acolhê-lo como poderoso auxiliar, que vem confirmar, por todas as vozes de Além-Túmulo, as verdades fundamentais da religião, combatidas pela incredulidade.

Que o materialismo o combata, explica-se facilmente; mas que a Igreja se ligue ao materialismo contra ele, é um fato menos concebível. Igualmente inconseqüente é ela quando qualifica de demoníaco um ensino que se apóia sobre a mesma autoridade e que proclama a missão divina do fundador do Cristianismo.

O Cristo teria dito, teria revelado tudo? Não; visto que ele próprio disse: "Eu teria ainda muitas coisas a dizer-vos, mas vós não podeis compreendê-las, é por isso que eu vos falo em parábolas."

O Espiritismo vem hoje, época em que o homem está maduro para compreendê-lo, completar e explicar o que o Cristo propositadamente não fez senão tocar, ou não disse senão sob a forma alegórica. Direis, sem dúvida, que à Igreja competia dar essa explicação. Mas, qual delas? a romana, a grega ou a protestante? Como não estão elas de acordo, cada uma explicaria a seu modo e reivindicaria o privilégio de dar essa explicação. Qual delas conseguiria arrebanhar todos os dissidentes?

Deus, que é sábio, prevendo que os homens iriam nela enxertar suas paixões e prejuízos, não lhes quis confiar o cuidado desta nova revelação: deu-a aos Espíritos, seus mensageiros, que a proclamaram por todos os pontos do globo, fora dos limites particulares de qualquer culto, a fim de que ela possa aplicar-se a todos, e nenhum a transforme em objeto de exploração.

Por outro lado, os diversos cultos cristãos não se terão, em coisa alguma, apartado do caminho traçado pelo Cristo? Seus preceitos de moral serão escrupulosamente observados? Não se lhe têm desnaturado as palavras, a fim de que possam servir de apoio à ambição e às paixões humanas, quando elas lealmente condenam isso?

Ora, o Espiritismo, pela voz dos Espíritos enviados de Deus, vem chamar, à estrita observância de seus preceitos, aqueles que dela se arredam; será por isso que o qualificam de obra satânica?

Vós vos iludis dando o nome de *seitas* a algumas divergências de opiniões relativas aos fenômenos espíritas. Não é de admirar que no começo de uma ciência, quando ainda as observações eram incompletas para muitos, tenham surgido teorias contraditórias; essas teorias, porém, repousam sobre pontos de minúcias e não sobre o princípio fundamental. Podem constituir *escolas* que expliquem certos fatos a seu modo, porém, não são seitas, como não o são os diferentes sistemas que dividem os sábios nas ciências exatas: em medicina, em física, etc. Riscai, pois, a palavra seita, que é imprópria ao nosso caso.

A quantas seitas não tem o Cristianismo dado nascimento, desde a sua origem? Por que não teve bastante poder a palavra do Cristo para impor silêncio a todas as controvérsias? Por que é ela suscetível de interpretações que ainda hoje dividem os cristãos em diferentes igrejas, pretendendo todas elas possuir exclusivamente a verdade necessária à salvação, detestando-se intimamente e anatematizando-se em nome do seu divino Mestre, que não pregou senão o amor e a caridade?

Fraqueza dos homens, direis vós. Seja; então, como quereis que o Espiritismo triunfe subitamente dessa fraqueza, transforme a Humanidade como por encanto?

Vamos à questão da utilidade. Dizeis que o Espiritismo nada revela de novo. É um erro: ele ensina, ao contrário, muito àqueles que não se limitam a um estudo superficial. Não fizesse ele mais que substituir a máxima: *Fora da caridade não há salvação*, que reúne os homens, àquela: *Fora da Igreja não há salvação*, que os divide, para que a sua vinda marcasse uma nova era à Humanidade.

Dissestes que se podia passar sem ele; concordo, como também se podia passar sem muitas das descobertas científicas. Os homens certamente viviam bem, antes da descoberta de todos os novos planetas, antes que se tivesse calculado os eclipses, antes que se conhecesse o mundo microscópico e cem outras coisas; o camponês para viver e fazer germinar o trigo, não tem necessidade de saber o que é um cometa, e, entretanto, ninguém nega que todas essas coisas alargam o círculo das idéias e nos fazem compreender melhor as leis da Natureza.

Ora, o mundo dos Espíritos é uma dessas leis que o Espiritismo nos faz conhecer; ele nos ensina a influência que esse mundo exerce sobre o corpóreo. Suponhamos que a isso se limitasse a sua utilidade, já não seria muito a revelação de tal potência?

Vejamos, agora, a sua influência moral. Admitamos que ele nada ensine, sob este ponto de vista; qual o maior inimigo da religião? O materialismo, porque o materialista não crê em coisa alguma; ora, o Espiritismo é a negação do materialismo, que já não tem razão de ser. Não é mais pelo raciocínio, pela fé cega que se diz ao materialista que nem tudo se acaba com o corpo; é pelos fatos que se lhe mostram visíveis e palpáveis. Não será isso um pequeno serviço prestado à humanidade e à religião? Porém não é ainda tudo: a certeza da vida futura, o quadro vivo daqueles que nos precederam nela, mostram a necessidade do bem e as conseqüências inevitáveis do mal. Eis por que, sem ser uma religião, o Espiritismo se prende essencialmente às idéias religiosas, desenvolve-as naqueles que não as possuem, fortifica-as nos que as têm incertas.

A religião encontra, pois, um apoio nele, não para as pessoas de vistas estreitas, que a vêem integralmente na doutrina do fogo eterno, na letra mais que no espírito, mas para aqueles que a vêem segundo a grandeza e a majestade de Deus.

Em uma palavra, o Espiritismo engrandece e eleva as idéias; combate os abusos engendrados pelo egoísmo, a cobiça, a ambição; mas quem terá a coragem de defendê-los e se declararem seus campeões? Se ele não é indispensável à salvação, facilita-a firmando-nos no caminho do bem. Além disso, que homem sensato ousará avançar que a falta de ortodoxia é mais repreensível, aos olhos de Deus, que o ateísmo ou o materialismo?

Apresento claramente as questões seguintes, a quantos combatem o Espiritismo, sob o ponto de vista de suas conseqüências religiosas:

1ª Quem terá melhor quinhão na vida futura — aquele que não crê em coisa alguma, ou aquele que, crente das verdades gerais, não admite certas partes do dogma?

2ª O protestante e o cismático serão confundidos na mesma reprovação que o ateu e o materialista?

3ª O que não é ortodoxo, no rigor da palavra, mas faz o bem que pode, que é bom e indulgente para com o próximo, leal em suas relações sociais, deve contar menos com a salvação, do que aquele que crê em tudo, mas é duro, egoísta e baldo de caridade?

4ª Qual terá mais valor aos olhos de Deus: a prática das virtudes cristãs sem a dos deveres da ortodoxia, ou a destes últimos sem a da moral?

Respondi, senhor abade, às questões e objeções que me dirigistes, mas, como vo-lo disse no começo, sem intenção alguma preconcebida de conduzir-vos às nossas idéias e de mudar as vossas convicções, limitando-me tão-somente a fazer-vos encarar o Espiritismo sob seu verdadeiro aspecto. Se não tivésseis vindo, eu não vos teria ido procurar.

Não quer isto dizer que desprezássemos a vossa adesão aos nossos princípios, caso ela se verificasse; longe disso; julgamo-nos sempre felizes pelas aquisições que fazemos, as quais têm para nós tanto maior valor quanto mais livres e voluntárias são. Não só não temos o direito de exercer constrangimento sobre quem quer que seja, como também sentiríamos escrúpulo em ir perturbar a consciência dos que, tendo crenças que os satisfazem, não venham espontaneamente ao nosso encontro.

Dissemos que o melhor meio de se esclarecerem sobre o Espiritismo é estudarem previamente a teoria; os fatos virão depois, naturalmente, e serão facilmente compreendidos, qualquer que seja a ordem em que as circunstâncias os façam vir. As nossas publicações são feitas no intuito de favorecer esse estudo; eis aqui a ordem que aconselhamos.

A primeira leitura a fazer-se é a deste resumo, que apresenta o conjunto e os pontos mais salientes da ciência; com isso, pois, já se pode fazer dela uma idéia e ficar-se convencido de que, no fundo, existe algo de sério. Nesta rápida exposição esforçamo-nos por indicar os pontos sobre que particularmente se deve fixar a atenção do observador. A ignorância dos princípios fundamentais é a causa das falsas apreciações da maioria daqueles que querem julgar o que não compreendem, ou que se baseiam em idéias preconcebidas.

Se desta leitura nascer o desejo de continuar, deve-se ler *O Livro dos Espíritos*, onde os princípios da doutrina estão completamente desenvolvidos; depois, *O Livro dos Médiuns*, para a parte experimental, destinado a servir de guia aos que desejarem operar por si mesmos, como aos que quiserem bem compreender os fenômenos. Vêm depois as diversas obras onde são desenvolvidas as aplicações e as conseqüências da doutrina, como: *O Evangelho segundo o Espiritismo*, *O Céu e o Inferno segundo o Espiritismo*, etc.

CAPÍTULO II

Noções elementares de Espiritismo

CAPÍTULO II

Noções elementares de Espiritismo

OBSERVAÇÕES PRELIMINARES

1. É um erro crer-se que basta a certos incrédulos o testemunho de fenômenos extraordinários, para que se tornem convictos. Quem não admite no homem a existência da alma ou Espírito, também não a aceita fora dele; e portanto, negando a causa, nega implicitamente os efeitos. Os contraditores se apresentam, quase sempre, com uma idéia preconcebida que os desvia de uma observação séria e imparcial, e levantam questões e objeções a que é impossível responder-se logo, de modo completo, porque seria preciso fazer-se, para cada um, uma espécie de curso, retomando as coisas desde o princípio.

O estudo prévio tem como resultado evitar-se essas objeções que, na maioria, se originam da ignorância das causas dos fenômenos e das condições em que estes se produzem.

2. Quem não conhece o Espiritismo, supõe que se podem produzir fenômenos espíritas, como se faz uma experiência de física ou de química. Daí a pretensão de sujeitá-los à sua vontade e a recusa de se colocar nas condições necessárias para os poder observar.

Não admitindo, como princípio, a existência e a intervenção dos Espíritos, ou, pelo menos, não conhecendo nem a sua natureza, nem o seu modo de ação, esses indivíduos se comportam como se operassem sobre a matéria bruta; e, desde que não obtêm o que pedem, concluem que não há Espíritos.

Colocando-se em um ponto de vista diferente, compreender-se-á que, não sendo os Espíritos mais que almas dos homens, todos nós, depois da morte, seremos Espíritos, e que, nestas condições, também estaríamos pouco dispostos a servir de joguete, para satisfação das fantasias dos curiosos.

3. Ainda que certos fenômenos possam ser provocados, eles, pelo fato de provirem de inteligências livres, não se acham absolutamente à disposição de quem quer que seja; e quem se disser capaz de obtê-los, sempre que queira, só provará ignorância ou má-fé. É preciso esperá-los, apanhá-los em sua passagem, e, muitas vezes, é quando são menos esperados que se apresentam os fatos mais interessantes e concludentes.

Aquele que seriamente deseja instruir-se, deve, nisto como em tudo, ter paciência e perseverança, e colocar-se nas condições indispensáveis; doutra forma, é melhor não se preocupar com isso.

4. Nem sempre as reuniões que têm por objeto tratar de manifestações espíritas se acham em boas condições, seja para obter resultados satisfatórios, seja para produzir a convicção; de algumas mesmo, não podemos deixar de convir, os incrédulos saem menos convencidos do que o eram quando entraram, lançando em rosto, aos que lhes falam do caráter sério do Espiritismo, as coisas, muitas vezes ridículas, de que foram testemunhas. Nisso não são eles mais lógicos que aqueles que pretendessem julgar de uma arte pelas primeiras provas de um aprendiz, de uma pessoa pela sua caricatura, ou de uma tragédia pela paródia. O Espiritismo também tem aprendizes; e quem quer esclarecer-se não deve colher ensinos de uma só fonte, porque só pelo exame e pela comparação se pode firmar um juízo.

5. As reuniões frívolas têm o grave inconveniente de dar aos noviços, que a elas assistem, uma idéia falsa do caráter do Espiritismo. Os que só têm freqüentado reuniões dessa espécie, não podem tomar a sério uma coisa que eles vêem tratada irrefletidamente pelos próprios que se dizem adeptos. Um estudo antecipado lhes ensinará a julgar do alcance do que vêem, a separar o bom do mau.

6. O mesmo raciocínio se aplica aos que julgarem o Espiritismo pelo que dizem certas obras excêntricas que dele apenas dão uma idéia incompleta e ridícula.

O Espiritismo sério não pode responder por aqueles que o compreendem mal, ou que o praticam de modo contrário aos seus preceitos; assim como não o faz a poesia por aqueles que produzem maus versos.

É deplorável, dizem, que existam tais obras prejudicando a verdadeira ciência. Sem dúvida, seria preferível que só as houvesse boas; o maior mal, porém, consiste em não se darem ao trabalho de estudá-las todas. Todas as artes, todas as ciências, além disso, estão no mesmo caso. Não vemos, sobre as mais sérias coisas, aparecerem tratados absurdos e cheios de erros?

Por que seria privilegiado, nesse sentido, o Espiritismo, sobretudo em seu começo?

Se os que o criticam não tomassem as aparências por base do seu juízo, saberiam o que ele admite e o que rejeita, e não lhe lançariam em conta o que ele repele em nome da razão e da experiência.

Dos Espíritos

7. Os Espíritos não são, como supõem muitas pessoas, uma classe à parte na criação, porém as almas, despidas do seu invólucro corporal, daqueles que viveram na Terra ou em outros mundos.

Aquele que admite a sobrevivência da alma ao corpo, admite, pelo mesmo motivo, a existência dos Espíritos; negar os Espíritos seria negar a alma.

8. Faz-se geralmente uma idéia muito errônea do estado dos Espíritos; eles não são, como alguns acreditam, seres vagos e indefinidos, nem chamas semelhantes a fogos-fátuos, nem fantasmas como os pintam nos contos das almas do outro mundo. São seres nossos semelhantes, tendo como nós um corpo, mas fluídico e invisível no estado normal.

9. Quando a alma está unida ao corpo, durante a vida, ela tem duplo invólucro: um pesado, grosseiro e destrutível — o corpo; o outro fluídico, leve e indestrutível, chamado *perispírito.*

10. Há, pois, no homem três elementos essenciais:

1º A *alma* ou *Espírito*, princípio inteligente em que residem o pensamento, a vontade e o senso moral;

2º O *corpo*, invólucro material que põe o Espírito em relação com o mundo exterior;

3º O *perispírito*, invólucro fluídico, leve, imponderável, servindo de laço e de intermediário entre o Espírito e o corpo.

11. Quando o invólucro exterior está usado e não pode mais funcionar, tomba e o Espírito o abandona, como o fruto se despoja da sua semente, a árvore da casca, a serpente da pele, em uma palavra, como se deixa um vestido velho que já não pode servir; é o que se designa pelo nome de *morte.*

12. A morte é apenas a destruição do envoltório corporal, que a alma abandona, como o faz a borboleta com a crisálida, conservando porém seu corpo fluídico ou perispírito.

13. A morte do corpo desembaraça o Espírito do laço que o prendia à Terra e o fazia sofrer; e uma vez libertado desse fardo, não lhe resta mais que o seu corpo etéreo, que lhe permite percorrer o espaço e transpor as distâncias com a rapidez do pensamento.

14. A união da alma, do perispírito e do corpo material constitui o *homem*; a alma e o perispírito separados do corpo constituem o ser chamado *Espírito*.

OBSERVAÇÃO — A alma é assim um ser simples; o Espírito um ser duplo e o homem um ser triplo.

Seria mais exato reservar a palavra *alma* para designar o princípio inteligente, e o termo *Espírito* para o ser semimaterial formado desse princípio e do corpo fluídico; mas, como não se pode conceber o princípio inteligente isolado da matéria, nem o perispírito sem ser animado pelo princípio inteligente, as palavras *alma* e *Espírito* são, no uso, indiferentemente empregadas uma pela outra; é a figura que consiste em tomar a parte pelo todo, do mesmo modo por que se diz que uma cidade é povoada de tantas almas, uma vila composta de tantas famílias; filosoficamente, porém, é essencial fazer-se a diferença.

15. Os Espíritos revestidos de seus corpos materiais constituem a Humanidade ou mundo corporal visível; despojados desses corpos, formam o mundo espiritual ou invisível que povoa o espaço e no meio do qual vivemos, sem disso desconfiar, como vivemos no meio do mundo dos infinitamente pequenos, de que não suspeitávamos, antes da invenção do microscópio.

16. Os Espíritos não são, portanto, entes abstratos, vagos e indefinidos, mas seres concretos e circunscritos, aos quais só falta serem visíveis para se assemelharem aos humanos; donde se segue que se, em dado momento, pudesse ser levantado o véu que no-los esconde, eles formariam uma população, cercando-nos por toda parte.

17. Os Espíritos possuem todas as percepções que tinham na Terra, porém em grau mais alto, porque as suas faculdades não estão amortecidas pela matéria; eles têm sensações desconhecidas por nós, vêem e ouvem coisas que os nossos sentidos limitados nos não permitem ver nem ouvir. Para eles não há obscuridade, excetuando-se aqueles que, por punição, se acham temporariamente nas trevas.

Todos os nossos pensamentos neles se repercutem, e eles os lêem como em um livro aberto; de modo que o que podíamos esconder a alguém, durante a vida terrena, não mais o podemos depois da sua desencarnação. (*O Livro dos Espíritos*, nº 237.)

18. Os Espíritos estão em toda parte, ao nosso lado, acotovelando-nos e observando-nos sem cessar. Por sua presença incessante entre nós, eles são os agentes de diversos fenômenos, desempenham um papel importante no mundo moral, e, até certo ponto, no físico; constituem, se o podemos dizer, uma das forças da Natureza.

19. Desde que se admita a sobrevivência da alma ou do Espírito, é racional que as suas afeições continuem; sem o que, as almas dos nossos parentes e amigos seriam, pela morte, totalmente perdidas para nós.

Pois que os Espíritos podem ir a toda parte, é igualmente racional admitir-se que aqueles que nos amaram, durante a vida terrena, ainda nos amem depois da morte, que venham para junto de nós e se sirvam, para isso, dos meios que encontrem à sua disposição; é o que confirma a experiência.

A experiência, de fato, prova que os Espíritos conservam as afeições sérias que tinham na Terra, que folgam em se juntarem àqueles a que amaram, sobretudo quando são por estes atraídos pelos sentimentos afetuosos que lhes dedicam; ao passo que se mostram indiferentes para com quem só lhes vota indiferença.

20. O Espiritismo tem por fim demonstrar e estudar a manifestação dos Espíritos, suas faculdades, sua situação feliz ou infeliz, seu futuro; em suma, o conhecimento do Mundo Espiritual.

Essas manifestações, sendo averiguadas, conduzem à prova irrecusável da existência da alma, de sua sobrevivência ao corpo, de sua individualidade depois da morte, isto é, de sua vida futura; por isso ele é a negação das doutrinas materialistas, não tanto por meio de raciocínios, mas principalmente por fatos.

21. Uma idéia quase geral, entre os que não conhecem o Espiritismo, é a de crer que os Espíritos, pelo simples fato de estarem desprendidos da matéria, devem saber tudo, estar de posse da sabedoria suprema. É um grave erro.

Não sendo mais que as almas dos homens, os Espíritos não adquirem a perfeição logo que deixam o envoltório terrenal. Seu progresso só se faz com o tempo, e não é senão paulatinamente que se despojam das suas imperfeições, que conquistam os conhecimentos que lhes faltam.

Seria tão ilógico admitir-se que o Espírito de um selvagem ou de um criminoso se torne de repente sábio e virtuoso, como seria contrário à justiça de Deus supor que ele continue perpetuamente em inferioridade. Como há homens de todos os graus de saber e ignorância, de bondade e maldade, dá-se o mesmo com os Espíritos. Alguns destes são apenas frívolos e travessos; outros são mentirosos, fraudulentos, hipócritas, maus e vingativos; outros, pelo contrário, possuem as mais sublimes virtudes e o saber em grau desconhecido na Terra.

Essa diversidade nas qualidades dos Espíritos é um dos pontos mais importantes a considerar, por explicar a natureza boa ou má das comunicações que se recebem; é em distingui-las que devemos empregar todo o nosso cuidado. (*O Livro dos Espíritos*, nº 100, "Escala Espírita". — *O Livro dos Médiuns*, cap. XXIV.)

Comunicação com o mundo invisível

22. Sendo admitidas a existência, a sobrevivência e a individualidade da alma, o Espiritismo reduz-se a uma só questão principal: *Serão possíveis as comunicações entre as almas e os viventes*?

Essa possibilidade foi demonstrada pela experiência, e, uma vez estabelecido o fato das relações entre os mundos visível e invisível, bem como conhecidos a natureza, o princípio e o modo dessas relações, abriu-se um novo campo à observação e encontrou-se a chave de grande número de problemas.

Fazendo cessar a dúvida sobre o futuro, o Espiritismo é poderoso elemento de moralização.

23. O que faz nascer na mente de muitas pessoas a dúvida sobre a possibilidade das comunicações de Além-Túmulo, é a idéia falsa que fazem do estado da alma depois da morte. Figuram ser ela um sopro, uma fumaça, uma coisa vaga, apenas apreensível ao pensamento, que se evapora e vai não se sabe para onde, mas para lugar tão distante que se custa a compreender que ela possa tornar à Terra. Se, ao contrário, a considerarmos ainda unida a um corpo fluídico, semimaterial, formando com ele um ser concreto e individual, as suas relações com os viventes nada têm de incompatível com a razão.

24. Vivendo o mundo invisível no meio do visível, com o qual está em contato perpétuo, dá em resultado uma incessante reação de cada um deles sobre o outro, e bem assim demonstra que, desde que houve homens, houve também Espíritos, e que se estes têm o poder de manifestar-se, deviam tê-lo feito em todas as épocas e entre todos os povos.

Entretanto, nestes últimos tempos, as manifestações dos Espíritos tomaram grande desenvolvimento e adquiriram maior caráter de autenticidade, porque estava nas vistas da Providência pôr termo à praga da incredulidade e do materialismo, mediante provas evidentes, permitindo, aos que deixaram a Terra, vir atestar sua existência e revelar-nos sua situação feliz ou infeliz.

25. As relações entre os mundos visível e invisível podem ser ocultas ou patentes, espontâneas ou provocadas.

Os Espíritos atuam sobre os homens ocultamente, sugerindo-lhes pensamentos e influenciando-os, de modo perceptível, por meio de efeitos apreciáveis aos sentidos.

As manifestações espontâneas se verificam inopinadamente e de improviso; produzem-se, muitas vezes, entre as pessoas mais estranhas às idéias espíritas, as quais, não tendo meios de explicá-las, as atribuem a causas sobrenaturais. As que são provocadas, dão-se por intermédio de certos indivíduos dotados para isso de faculdades especiais, e designados pelo nome de *médiuns*.

26. Os Espíritos podem manifestar-se de muitas maneiras diferentes: pela vista, pela audição, pelo tato, produzindo ruídos e movimentos de corpos, pela escrita, desenho, música, etc.

27. Às vezes, os Espíritos se manifestam espontaneamente por pancadas e ruídos; é muitas vezes um meio que empregam para atestar sua presença e chamar sobre si a atenção, tal como nós, quando batemos para avisar que está alguém à porta.

Alguns não se limitam a ruídos moderados, mas produzem bulhas imitando louças que se quebram, caindo, portas que se abrem e fecham com estrondo, móveis lançados ao chão, e alguns chegam mesmo a causar uma perturbação real e verdadeiros estragos. (*Revue Spirite*, 1858; "L'Esprit frappeur de Bergzabern", págs. 125, 153, 184. — *Idem*, "L'Esprit frappeur de Dibbelsdorf", pág. 219. — *Idem*, 1860; "Le boulanger de Dieppe", pág. 76. — *Idem*, "Le Fabricant de Saint-Pétersbourg", pág. 115. — *Idem*, "Le chiffonnier de la rue des Noyers", pág. 236.)

28. Ainda que invisível para nós no estado normal, o perispírito é matéria etérea. Em certos casos, o Espírito pode fazê-lo sofrer uma espécie de modificação molecular que o torna visível e mesmo tangível; é como se produzem as aparições — fenômeno que não é mais extraordinário que o do vapor que, invisível quando muito rarefeito, se torna visível por condensação.

Os Espíritos que se tornam visíveis apresentam-se, quase sempre, com as aparências que tinham em vida e que os podem tornar conhecidos.

29. A vidência permanente e geral de Espíritos é muito rara, porém as aparições isoladas são assaz freqüentes, sobretudo em ocasiões de morte; o Espírito, quando deixa o corpo, parece ter pressa de ir ver seus parentes e amigos, como para adverti-los de já não estar na Terra, e dizer-lhes que ainda vive.

Se passarmos em revista as nossas reminiscências, veremos quantos fatos autênticos, dessa ordem, sem que os percebêssemos convenientemente, se deram conosco, não só de noite, durante o sono, senão também de dia e em completo estado de vigília. Outrora consideravam tais fatos como sobrenaturais e maravilhosos e os atribuíam à magia e à feitiçaria; hoje, os incrédulos os classificam como um produto da imaginação; desde que, porém, a ciência espírita nos forneceu meios de explicá-los, ficou-se sabendo como eles se produzem e que pertencem à classe dos fenômenos naturais.

30. Era por meio do perispírito que o Espírito agia sobre o seu corpo quando vivo e é ainda com esse mesmo fluido que ele se manifesta agindo sobre a matéria inerte, produzindo ruídos, movimentos de mesas e outros objetos que ele levanta, derruba ou transporta. Esse fenômeno nada terá de surpreendente, se considerarmos que, entre nós, os mais poderosos motores se alimentam dos fluidos de maior rarefação e, mesmo, da dos imponderáveis, como o ar, o vapor e a eletricidade.

É igualmente por meio do perispírito que o Espírito faz os médiuns escreverem, falarem ou desenharem; não possuindo corpo tangível para atuar ostensivamente, quando ele se quer manifestar, o Espírito serve-se do corpo do médium, de cujos órgãos se apossa, fazendo-os agir como se fossem seus, por um eflúvio com que ele os envolve e penetra.

31. No fenômeno designado pelo nome de *mesas girantes e falantes*, é ainda pelo mesmo meio que o Espírito age sobre o móvel, seja fazendo-o mover-se sem significação determinada, seja produzindo golpes inteligentes, indicando as letras do alfabeto para formar palavras e frases, fenômeno este designado pelo nome de *tiptologia.*

A mesa não é senão um instrumento de que ele então se serve, como o faz com o lápis para escrever, dando-lhe vitalidade momentânea, pelo fluido com que a penetra, mas *não se identifica com ela.*

As pessoas que, presas de emoção, vendo manifestar-se-lhes um ser querido, abraçam a mesa, praticam um ato ridículo, porque é absolutamente o mesmo que abraçar a bengala de que se servisse um indivíduo para bater. O mesmo podemos dizer relativamente àquelas que dirigem a palavra à mesa, como se o Espírito se achasse encerrado na madeira, ou se a madeira se tivesse tornado Espírito.

Por ocasião das comunicações dessa ordem, o Espírito não se acha na mesa, mas ao lado do móvel, como o faria se fosse vivo; e aí o veríamos, se nessa ocasião ele pudesse tornar-se visível. Dá-se o mesmo com as comunicações por escrito; o Espírito coloca-se ao lado do médium, dirigindo-lhe a mão ou transmitindo-lhe o seu pensamento por uma corrente fluídica.

Quando a mesa se levanta do solo e permanece no ar, sem ponto de apoio, não é com força braçal que o Espírito a suspende, e sim pela ação de uma atmosfera fluídica com que ele a envolve e penetra — fluidos que neutralizam o efeito da gravitação, como o faz o ar com os balões e *papagaios*. Esse fluido, penetrando a mesa dá-lhe momentaneamente maior leveza específica. Quando a mesa descansa no solo, acha-se em caso análogo ao da campânula pneumática em que se fez o vácuo.

São simples comparações estas, para mostrar a analogia dos efeitos e nunca uma absoluta semelhança das causas.

Quando a mesa persegue alguém, não é o Espírito que corre, porque ele pode ficar tranqüilamente em seu lugar, e somente lhe dar, por uma corrente fluídica, o impulso preciso para que ela se mova, segundo a sua vontade. Nas pancadas que se fazem ouvir na mesa, ou em outra parte qualquer, não é o Espírito quem bate com a mão ou com algum objeto; ele lança, sobre o ponto donde parte o ruído, um jato de fluido que produz o efeito de um choque elétrico e modifica os sons, como se pode modificar os que são produzidos pelo ar.

Assim, facilmente se compreende a possibilidade de o Espírito erguer no ar uma pessoa, como levantar um móvel qualquer, transportar um objeto de um para outro lugar, ou atirá-lo a qualquer parte.

É uma só a lei que regula tais fenômenos.

32. Pelo pouco que dissemos, pode-se ver que as manifestações espíritas, de qualquer natureza, nada têm de maravilhoso e sobrenatural; são fenômenos que se produzem em virtude da lei que rege as relações do mundo visível com o invisível, lei tão natural quanto as da eletricidade, da gravitação, etc.

O Espiritismo é a ciência que nos faz conhecer essa lei, como a mecânica nos ensina as do movimento, a óptica as da luz, etc.

Pertencendo à Natureza, as manifestações espíritas se deram em todos os tempos; a lei que as dirige, uma vez conhecida, vem explicar-nos grande número de problemas, julgados sem solução; ela é a chave de uma multidão de fenômenos explorados e amplificados pela superstição.

33. Afastado o prisma maravilhoso, nada mais apresentam esses fatos que repugne à razão, pois que assim passam a ocupar o seu lugar no meio dos outros fenômenos naturais.

Nos tempos de ignorância, eram reputados sobrenaturais todos os efeitos cuja causa não se conhecia; as descobertas da Ciência, porém, sucessivamente foram restringindo o círculo do maravilhoso, que o conhecimento da nova lei veio aniquilar.

Aqueles, pois, que acusam o Espiritismo de ressuscitar o maravilhoso, provam, só por isso, que falam do que não conhecem.

34. As manifestações dos Espíritos são de duas naturezas: *efeitos físicos* e *comunicações inteligentes*.

Os primeiros são os fenômenos materiais ostensivos, tais como os movimentos, ruídos, transportes de objetos, etc.; os outros consistem na troca regular de pensamentos por meio de sinais, da palavra e, principalmente, da escrita.

35. As comunicações que recebemos dos Espíritos podem ser boas ou más, justas ou falsas, profundas ou frívolas, consoante a natureza dos que se manifestam. Os que dão provas de sabedoria e erudição, são Espíritos adiantados no caminho do progresso; os que se mostram ignorantes e maus, são os ainda atrasados, mas que com o tempo hão de progredir.

Os Espíritos só podem responder sobre aquilo que sabem, segundo o seu estado de adiantamento, e ainda dentro dos limites do que lhes é permitido dizer-nos, porque há coisas que eles não devem revelar, por não ser ainda dado ao homem tudo conhecer.

36. Da diversidade de qualidades e aptidões dos Espíritos, resulta que não basta dirigirmo-nos a um Espírito qualquer para obtermos uma resposta segura a qualquer questão; porque, acerca de muitas coisas, ele não nos pode dar mais que a sua opinião pessoal, a qual pode ser justa ou errônea. Se ele é prudente, não deixará de confessar sua ignorância sobre o que não conhece; se é frívolo ou mentiroso, responderá de qualquer forma, sem se importar com a verdade; se é orgulhoso, apresentará suas idéias como verdades absolutas.

É por isso que S. João, o Evangelista, diz:

"Não creais em todos os Espíritos, mas examinai se eles são de Deus."

A experiência demonstra a sabedoria desse conselho. Há imprudência e leviandade em aceitar sem exame tudo o que vem dos Espíritos. É de necessidade que bem conheçamos o caráter daqueles que estão em relação conosco. (*O Livro dos Médiuns*, nº 267.)

37. Reconhece-se a qualidade dos Espíritos por sua linguagem; a dos Espíritos verdadeiramente bons e superiores é sempre digna, nobre, lógica e isenta de contradições;

nela se respira a sabedoria, a benevolência, a modéstia e a mais pura moral; ela é concisa e despida de redundâncias. Na dos Espíritos inferiores, ignorantes ou orgulhosos, o vácuo das idéias é quase sempre preenchido pela abundância de palavras.

Todo pensamento evidentemente falso, toda máxima contrária à sã moral, todo conselho ridículo, toda expressão grosseira, trivial ou simplesmente frívola, enfim, toda manifestação de malevolência, de presunção ou arrogância, são sinais incontestáveis da inferioridade dos Espíritos.

38. Os Espíritos inferiores são, mais ou menos, ignorantes; seu horizonte moral é limitado, perspicácia restrita; eles não têm das coisas senão uma idéia muitas vezes falsa e incompleta, e, além disso, conservam-se ainda sob o império dos prejuízos terrestres, que eles tomam, às vezes, por verdades; por isso, são incapazes de resolver certas questões. E podem induzir-nos em erro, voluntária ou involuntariamente, sobre aquilo que nem eles mesmos compreendem.

39. Os Espíritos inferiores não são todos, por isso, essencialmente maus; alguns há que são apenas ignorantes e levianos; outros pilhéricos, espirituosos e divertidos, sabendo manejar a sátira fina e mordaz. Ao lado desses encontram-se, no mundo espiritual, como na Terra, todos os gêneros de perversidade e todos os graus de superioridade intelectual e moral.

40. Os Espíritos superiores não se ocupam senão de comunicações inteligentes que nos instruam; as manifestações físicas ou puramente materiais são, mais especialmente, obra dos Espíritos inferiores, vulgarmente designados sob o nome de *Espíritos batedores*, como, entre nós, as provas de grande força são executadas por saltimbancos e não por sábios.

41. Devemos sempre estar calmos e concentrados, quando entrarmos em comunicação com os Espíritos; nunca se deve perder de vista que eles são as almas dos homens e que é inconveniente fazer do seu trabalho um passatempo ou pretexto de divertimentos. Se lhes respeitamos os despojos mortais, maior respeito ainda nos devem merecer como Espíritos.

As reuniões frívolas, sem objetivo sério, faltam a um dever; os que as compõem esquecem-se de que, de um momento para outro, podem entrar no mundo dos Espíritos, e não ficarão satisfeitos se os tratarem com pouca atenção.

42. Outro ponto igualmente essencial a considerar é que os Espíritos são livres e só se comunicam quando querem, com quem lhes convém e quando as suas ocupações lho permitem; não estão às ordens e à mercê dos caprichos de quem quer que seja; a ninguém é dado fazê-los manifestar-se quando não o queiram, nem dizer o que desejem calar; de sorte que ninguém pode afirmar que tal Espírito há de responder ao seu apelo em dado momento, ou que há de responder a tal ou tal pergunta que se lhe dirigir. Asseverar o contrário é demonstrar ignorância dos princípios mais elementares do Espiritismo. *Só o charlatanismo tem princípios infalíveis.*

43. Os Espíritos são atraídos pela simpatia, semelhança de gostos, caracteres e intenção dos que desejam a sua presença.

Os Espíritos superiores não vão às reuniões fúteis, como um sábio da Terra não vai a uma assembléia de rapazes levianos. O simples bom-senso nos diz que isso não pode ser de outro modo; se acaso, porém, eles aí se mostram algumas vezes, é somente com o fim de dar um conselho salutar, combater os vícios, reconduzir ao bom caminho os que dele se iam afastando; então, se não forem atendidos, retiram-se.

Forma juízo completamente errôneo aquele que crê que Espíritos sérios se prestem a responder a futilidades, a questões ociosas em que se lhes manifeste pouca afeição, falta de respeito e nenhum desejo de se instruir; e ainda menos que eles venham dar-se em espetáculo para desfastio dos curiosos. Vivos, eles não o fariam; mortos, também o não fazem.

44. A frivolidade das reuniões dá como resultado atrair os Espíritos levianos que só procuram ocasião de enganar e mistificar.

Pelo mesmo motivo que os homens graves e sérios não comparecem às assembléias de medíocre importância, os Espíritos sérios só comparecem às reuniões sérias, que têm por fim, não a curiosidade, porém, a instrução. É nessas assembléias que os Espíritos superiores dão ensinamentos.

45. Do que precede, resulta que toda reunião espírita, para ser proveitosa, deve, como condição primacial, ser séria, em recolhimento, devendo aí proceder-se com respeito, religiosidade e dignamente, se se quer obter o concurso habitual dos bons Espíritos.

Convém não esquecer que se esses mesmos Espíritos aí se tivessem apresentado, quando encarnados, ter-se-ia com eles todas as considerações, a que depois de desencarnados ainda têm mais direito.

46. Em vão se alega a utilidade de certas experiências curiosas, frívolas e divertidas, para convencer os incrédulos; é a um resultado contrário que se chega. O incrédulo, já propenso a escarnecer das mais sagradas crenças, não pode ver uma coisa séria naquilo de que se zomba, nem pode respeitar o que lhe não é apresentado de modo respeitável; por isso, retira-se sempre com má impressão das reuniões fúteis e levianas, onde não encontra ordem, gravidade e recolhimento. O que, sobretudo, pode convencê-lo, é a prova da presença de seres cuja memória lhe é cara; é diante de suas palavras graves e solenes, de suas revelações íntimas, que o vemos comover-se e empalidecer.

Mas, pelo fato mesmo de ele ter respeito, veneração e amor à pessoa cuja alma se lhe apresenta, fica chocado e escandalizado ao vê-la mostrar-se em uma assembléia irreverente, no meio de mesas que dançam e das gatimanhas dos Espíritos brincalhões; incrédulo como é, sua consciência repele essa aliança do sério com o ridículo, do religioso com o profano; por isso tacha tudo de charlatanismo e, muitas vezes, sai menos convicto do que entrou.

As reuniões dessa natureza fazem sempre mais mal que bem, porque afastam da doutrina maior número de pessoas do que atraem; além de que, prestam-se à crítica dos detratores, que assim acham fundados motivos para zombarias.

47. Erra quem considera brinquedo as manifestações físicas; se não têm a importância do ensino filosófico, têm sua utilidade do ponto de vista dos fenômenos, pois que são o alfabeto da ciência, da qual deram a chave. Ainda que menos necessárias hoje, elas ainda concorrem para a convicção de algumas pessoas.

De nenhum modo, porém, são elas incompatíveis com a ordem e a decência que deve haver nessas reuniões experimentais; se sempre as praticassem convenientemente, convenceriam com mais facilidade e produziriam, a todos os respeitos, muito melhores resultados.

48. Certas pessoas fazem uma idéia muito falsa das evocações; algumas crêem que elas consistem em fazer sair da tumba os mortos, com todo o aparato lúgubre. O pouco que a respeito temos dito, deverá dissipar tal erro. É só nos romances, nos contos fantásticos de *almas do outro mundo* e no teatro que aparecem os mortos descarnados, saindo dos sepulcros, envoltos em mortalhas e fazendo chocalhar os ossos. O Espiritismo, que nunca fez milagres, não produz este e jamais pretendeu fazer reviver um corpo morto.

Quando o corpo está na tumba, não sairá mais dela; porém, o ser espiritual, fluídico e inteligente, aí não se acha com esse grosseiro invólucro, do qual se separou no momento da morte, e, uma vez operada essa separação, nada mais há de comum entre eles.

49. A crítica malévola representou as comunicações espíritas como mescladas pelas práticas ridículas e supersticiosas da magia e da nigromancia; se esses homens que falam do Espiritismo, sem conhecê-lo, se dessem ao trabalho de estudá-lo, teriam poupado esses desperdícios de imaginação, que só servem para provar sua ignorância ou má vontade.

Às pessoas estranhas à ciência cumpre-nos dizer que, para nos comunicarmos com os Espíritos, não há dias, horas e lugares mais propícios uns que os outros; que, para evocá-los, não existem fórmulas nem palavras sacramentais ou cabalísticas; que não se precisa para isso de preparação alguma, nem de iniciação; que o emprego de qualquer sinal ou objeto material, seja para atraí-los, seja para repeli-los, não exerce efeito algum, bastando só o pensamento; e, finalmente, que os médiuns recebem as comunicações, tão simples e naturalmente como se fossem ditadas por uma pessoa viva, sem que saiam do estado normal.

Só o charlatanismo pode inventar o emprego de modos excêntricos e acessórios ridículos.

O apelo aos Espíritos faz-se em nome de Deus, com respeito e recolhimento; é a única coisa que se recomenda às pessoas sérias que desejem entrar em relação com Espíritos sérios.

Fim providencial das manifestações Espíritas

50. O fim providencial das manifestações é convencer os incrédulos de que tudo para o homem não se acaba com a vida terrestre, e dar aos crentes idéias mais justas sobre o futuro.

Os bons Espíritos nos vêm instruir para nosso melhoramento e avanço e não para revelar-nos o que não devemos saber ainda, ou o que só deve ser conseguido pelo nosso trabalho.

Se bastasse interrogar os Espíritos para obter a solução de todas as dificuldades científicas, ou para fazer descobertas e invenções lucrativas, todo ignorante podia tornar-se sábio sem estudar, todo preguiçoso ficar rico sem trabalhar; é o que Deus não quer.

Os Espíritos ajudam o homem de gênio pela inspiração oculta, mas não o eximem do trabalho nem das investigações, a fim de lhe deixar o mérito.

51. Faria idéia bem falsa dos Espíritos, quem neles quisesse ver auxiliares dos leitores da *buena-dicha.*

Os Espíritos sérios se recusam a ocupar de coisas fúteis; os frívolos e zombeteiros tratam de tudo, respondem a tudo, predizem tudo o que se quer, sem se importarem com a verdade, e encontram maligno prazer em mistificar as pessoas demasiado crédulas. Neste caso, é essencial conhecer-se perfeitamente a natureza das perguntas que se podem dirigir aos Espíritos. (*O Livro dos Médiuns*, nº 286: "Perguntas que se podem fazer aos Espíritos".)

52. Fora do terreno do que pode ajudar o nosso progresso moral, só há incerteza nas revelações que se podem obter dos Espíritos.

A primeira conseqüência má, para aquele que desvia sua faculdade do fim providencial, é ser mistificado pelos

Espíritos enganadores que pululam ao redor dos homens; a segunda é cair sob o domínio desses mesmos Espíritos, que podem, por pérfidos conselhos, conduzi-lo a adversidades reais e materiais na Terra; a terceira é perder, depois da vida terrestre, o fruto do conhecimento do Espiritismo.

53. As manifestações não são, pois, destinadas a servir aos interesses materiais; sua utilidade está nas conseqüências morais que delas dimanam; não tivessem, elas, porém, como resultado senão fazer conhecer uma nova lei da Natureza, demonstrar materialmente a existência da alma e sua imortalidade, e já isso seria muito, porque era largo caminho novo aberto à Filosofia.

Dos médiuns

54. Os médiuns apresentam numerosíssimas variedades nas suas aptidões, o que os torna mais ou menos próprios para obtenção de tal ou tal fenômeno, de tal ou tal gênero de comunicação.

Segundo essas aptidões, distinguimo-los por médiuns de *efeitos físicos, de comunicações inteligentes, videntes, falantes, auditivos, sensitivos, desenhadores, poliglotas, poetas, músicos, escreventes*, etc.

Não devemos esperar do médium aquilo que está fora dos limites da sua faculdade.

Sem o conhecimento das aptidões mediúnicas, o observador não pode achar a explicação de certas dificuldades ou de certas impossibilidades que se encontram na prática. (*O Livro dos Médiuns*, cap. XVI, nº 185.)

55. Os médiuns de efeitos físicos são mais particularmente aptos para provocar fenômenos materiais, como movimentos, pancadas, etc., com o auxílio de mesas e outros objetos; quando esses fenômenos revelam um pensamento ou obedecem a uma vontade, são efeitos inteligentes que, por isso mesmo, denotam uma causa inteligente: é um dos modos por que os Espíritos se manifestam.

Por meio de um número de pancadas convencionadas, obtém-se as respostas *sim* ou *não*, ou, então, a designação das letras do alfabeto que servem para formar palavras ou frases. Esse meio primitivo é muito demorado e não se presta a grandes desenvolvimentos.

As mesas falantes foram a estréia da ciência; hoje, porém, que se possuem meios de comunicação tão rápidos e completos como entre os viventes, ninguém mais recorre àqueles senão acidentalmente e como experimentação.

56. De todos os meios de comunicação, a escrita é, ao mesmo tempo, o mais simples, o mais rápido, o mais cômodo, e que permite mais desenvolvimento; é também a faculdade que se encontra mais freqüentemente.

57. Para obter a escrita serviram-se, no princípio, de intermediários materiais, como cestinhas, pranchetas, etc., munidas de um lápis. (*O Livro dos Médiuns*, cap. XIII, nº 152 e seguintes.) Mais tarde, reconheceu-se a inutilidade desses acessórios e a possibilidade, para os médiuns, de escrever diretamente com a mão, como nas circunstâncias ordinárias.

58. O médium escreve sob a influência dos Espíritos, que se servem dele como de um instrumento; sua mão é arrastada por um movimento involuntário, que, o mais das vezes, não pode dominar.

Certos médiuns não têm consciência alguma do que escrevem, outros a têm mais ou menos vaga, ainda quando o pensamento lhes seja estranho; é o que distingue os *médiuns mecânicos* dos *médiuns intuitivos* ou *semimecânicos.*

A ciência espírita explica o modo de transmissão do pensamento do Espírito ao médium, e o papel deste último nas comunicações. (*O Livro dos Médiuns*, cap. XV, n°s 179 e seguintes; cap. XIX, n°s 223 e seguintes.)

59. O médium não tem mais que a faculdade de se poder comunicar, mas a comunicação efetiva depende da vontade dos Espíritos. Se estes não quiserem manifestar-se, aquele nada obterá; será qual instrumento sem músico que o toque.

Visto que os Espíritos só se comunicam quando querem ou podem, não estão sujeitos ao capricho de ninguém; *nenhum médium tem o poder de forçá-los a se apresentarem.* Isto explica a intermitência da faculdade nos melhores médiuns, e as interrupções que sofrem, às vezes, durante muitos meses. Seria, pois, um erro comparar a mediunidade a uma propriedade do talento. O talento adquire-se pelo trabalho, quem o possui é sempre dele senhor; ao passo que o médium nunca o é de sua faculdade, pois que ela depende de vontade estranha.

60. Os médiuns de efeitos físicos que obtêm, regularmente e à vontade, a produção de certos fenômenos, admitindo que não haja embuste, estão em relação com Espíritos de baixa esfera que se comprazem nessa espécie de exibições, e que talvez foram prestidigitadores quando na Terra; seria, porém, absurdo pensar que Espíritos, mesmo de pouca elevação, se divirtam em executar farsas teatrais.

61. A obscuridade necessária à produção de certos efeitos *físicos*, presta-se, sem dúvida, à suspeita, mas nada prova contra a realidade deles.

Sabemos que em Química algumas combinações não podem ser operadas à luz; que muitas composições e decomposições se produzem sob a ação do fluido luminoso; ora, todos os fenômenos espíritas são resultantes de uma combinação dos fluidos próprios do Espírito com os do médium; desde que esses fluidos são matéria, não admira que, em certas circunstâncias, essa combinação seja contrariada pela presença da luz.

62. As comunicações inteligentes realizam-se igualmente pela ação fluídica do Espírito sobre o médium, sendo preciso que o fluido deste último se identifique com o do Espírito.

A facilidade das comunicações depende do grau de *afinidade* existente entre os dois fluidos. Cada médium é assim mais ou menos apto para receber a *impressão* ou a *impulsão* do pensamento de tal ou tal Espírito; podendo ser bom instrumento para um e péssimo para outro. Resulta daí que se achando juntos dois médiuns, igualmente bem-dotados, poderá o Espírito manifestar-se por um e não por outro.

63. É um erro acreditar-se que basta ser médium para receber, com igual facilidade, comunicações de qualquer Espírito.

Não existem médiuns universais para as evocações, nem com aptidão para produzir todos os fenômenos.

Os Espíritos buscam, de preferência, os instrumentos que lhes sejam mais apropriados; impor-lhes o primeiro médium que tenhamos à mão, seria o mesmo que obrigar uma pianista a tocar violino, supondo que, por saber música, pode ela tocar qualquer instrumento.

64. Sem a harmonia, que só pode nascer da assimilação fluídica, as comunicações são impossíveis, incompletas ou falsas. Podem ser falsas, porque, em vez do Espírito que se deseja, não faltam outros sempre prontos a manifestarem-se e que pouco se importam com a verdade.

65. A assimilação fluídica é, algumas vezes, totalmente impossível entre certos Espíritos e certos médiuns; outras vezes — e é o caso mais comum — ela não se estabelece senão gradualmente e com o tempo; é o que explica a maior facilidade com que os Espíritos se manifestam pelo médium com que estão mais habituados; e também porque as primeiras comunicações atestam quase sempre certo constrangimento e são menos explícitas.

66. A assimilação fluídica é tão necessária nas comunicações pela tiptologia como pela escrita, visto que, tanto num como noutro caso, se trata da transmissão do pensamento do Espírito, qualquer que seja o meio material por que ela se faça.

67. Não se pode impor um médium ao Espírito que se quer evocar, convindo deixar-lhe a escolha do instrumento. Em todo o caso, é necessário que o médium se identifique previamente com o Espírito, pelo recolhimento e pela prece, ou mesmo durante alguns minutos, e mesmo muitos dias antes se for possível, de modo a provocar e ativar a assimilação fluídica. É um meio de se atenuar a dificuldade.

68. Quando as condições fluídicas não são propícias à comunicação direta do Espírito ao médium, ela pode fazer-se por intermédio do guia espiritual deste último; neste caso, o pensamento não vem senão em segunda mão, isto é, depois de haver atravessado dois meios. Compreende-se, então, quanto é importante ser o médium bem assistido; porque, se ele o for por um Espírito obsessor, ignorante ou orgulhoso, a comunicação será necessariamente adulterada.

Aqui as qualidades pessoais do médium desempenham forçosamente um papel importante, pela natureza dos Espíritos que ele atrai a si. Os mais indignos médiuns podem possuir poderosas faculdades, porém, os mais seguros são os que a esse poder reúnem as melhores simpatias no mundo espiritual; ora, essas simpatias não ficam, *de forma alguma*, demonstradas pelos nomes, mais ou menos imponentes, revestidos pelos Espíritos que assinam as comunicações, mas, sim, pelo fundo *constantemente bom* das mesmas.

69. Qualquer que seja o modo de comunicação, a prática do Espiritismo, do ponto de vista experimental, apresenta numerosas dificuldades e não é isenta de inconvenientes para quem não tem a experiência necessária.

Quer se experimente mesmo, quer se seja simples observador das experiências de outrem, é essencial saber distinguir as diferentes naturezas dos Espíritos que se podem manifestar, conhecer a causa de todos os fenômenos, as condições em que se podem produzir, os obstáculos que lhe podem ser opostos, a fim de que se não perca tempo, pedindo o impossível. Não é menos necessário conhecer todas as condições e escolhos da mediunidade, a influência do meio, das disposições morais, etc. (*O Livro dos Médiuns*, 2ª parte.)

Escolhos da Mediunidade

70. Um dos maiores escolhos da mediunidade é a *obsessão*, isto é, o domínio que certos Espíritos podem exercer sobre os médiuns, impondo-se-lhes sob nomes apócrifos e impedindo que se comuniquem com outros Espíritos. É também um obstáculo que se depara a todo observador novato e inexperiente que, não conhecendo os caracteres desse fenômeno, pode ser iludido pelas aparências, como aquele que, desconhecendo a medicina, pode enganar-se sobre a causa e natureza de qualquer mal.

Se o estudo prévio, neste caso, é útil para o observador, mais indispensável é ao médium, a quem fornece os meios de prevenir um inconveniente que lhe poderia trazer bem desagradáveis conseqüências. Assim, é pouca toda a recomendação para que o estudo preceda à prática. (*O Livro dos Médiuns*, cap. XXIII.)

71. A obsessão apresenta três graus principais bem característicos: *a obsessão simples, a fascinação e a subjugação.* No primeiro, o médium tem perfeitamente consciência de não obter coisa alguma boa; ele não se ilude acerca da natureza do Espírito que se obstina em se lhe manifestar, e do qual deseja desembaraçar-se. Este caso não oferece gravidade alguma: é um simples incômodo, do qual o médium se liberta, deixando momentaneamente de escrever. O Espírito, cansando-se de não ser ouvido, acaba por se retirar.

A *fascinação obsessional* é muito mais grave, porque nela o médium é completamente iludido. O Espírito que o domina apodera-se de sua confiança, a ponto de impedi-lo de julgar as comunicações que recebe, fazendo-lhe achar sublimes os maiores absurdos. O caráter distintivo deste gênero de obsessão é provocar no médium uma excessiva suscetibilidade e levá-lo a não acreditar bom, justo e verdadeiro senão o que ele escreve; a repelir e, mesmo, considerar mau todo conselho e toda observação crítica, preferindo romper com os amigos a convencer-se de que está sendo enganado; a encher-se de inveja contra os outros médiuns cujas comunicações sejam julgadas melhores que as suas; a querer impor-se nas reuniões espíritas, das quais se afasta quando não pode dominá-las. Essa atuação do Espírito pode chegar ao ponto de ser o indivíduo conduzido a dar os passos mais ridículos e comprometedores.

72. Um dos caracteres distintivos dos maus Espíritos é a imposição; eles dão ordens e querem ser obedecidos; os bons nunca se impõem; dão conselhos, e, se não são atendidos, retiram-se. Resulta daí que a impressão que em nós produzem os maus Espíritos é sempre penosa, fatigante e muitas vezes desagradável; ela provoca uma agitação febril, movimentos bruscos e desordenados; a dos bons, pelo contrário, é calma, branda e agradável.

73. A *subjugação obsessional*, designada outrora sob o nome de *possessão*, é um constrangimento físico exercido sempre por Espíritos da pior espécie e que pode ir à neutralização do livre-arbítrio do paciente. Ela se limita, muitas vezes, a simples impressões desagradáveis; porém, muitas vezes provoca movimentos desordenados, atos insensatos, gritos, palavras injuriosas ou incoerentes, de que o subjugado, às vezes, compreende o ridículo, mas não pode abster-se. Este estado difere essencialmente da *loucura patológica* com que erradamente a confundem, pois na possessão não há lesão orgânica alguma; sendo diversa a causa, outros devem ser também os meios de curá-la.

A aplicação do processo ordinário das duchas e tratamentos corporais poderá, muitas vezes, determinar o aparecimento de uma verdadeira loucura, onde só havia uma causa moral.

74. Na loucura propriamente dita, a causa do mal é interna; importa restituir o organismo ao seu estado normal; na *subjugação*, essa causa é externa, e tem-se necessidade de libertar o doente de um inimigo invisível, não lhe opondo remédios materiais, porém *uma força moral superior à dele*.

A experiência prova que nunca, em tal caso, os exorcismos produziram resultado satisfatório: antes agravaram que minoraram a situação.

Indicando a verdadeira fonte do mal, só o Espiritismo pode dar os meios de combatê-lo, fazendo a educação moral do Espírito obsessor; por conselhos prudentemente dirigidos, chega-se a torná-lo melhor e a fazê-lo renunciar voluntariamente à atormentação do enfermo, que então fica livre. (*O Livro dos Médiuns*, nº 279. — *Revue Spirite*, fevereiro, março e junho de 1864. — "La jeune obsédée de Marmande".)

75. A subjugação obsessional é ordinariamente individual; quando, porém, uma falange de Espíritos maus se lança sobre uma povoação, ela pode apresentar caráter epidêmico. Foi um fenômeno desse gênero que se verificou ao tempo do Cristo; só um poder moral superior podia então domar esses entes malfazejos, designados sob o nome de *demônios*, e restituir a calma às suas vítimas.

76. Um fato importante a considerar-se é que a obsessão, qualquer que seja a sua natureza, é independente da mediunidade, e que ela se encontra, de todos os graus, principalmente do último, em grande número de pessoas que nunca ouviram falar de Espiritismo.

De fato, os Espíritos, tendo existido em todos os tempos, têm sempre exercido a mesma influência; a mediunidade não é uma causa, mas simples modo de manifestação dessa influência; pelo que podemos dizer com certeza que todo médium obsidiado sofre de um modo qualquer e, muitas vezes, nos atos mais comuns da sua vida, os efeitos dessa influência que, sem a mediunidade, se manifestaria por outros efeitos, muitas vezes atribuídos a enfermidades misteriosas, que escapam às investigações da medicina. Pela mediunidade o ente maléfico denuncia a sua presença; sem ela, é um inimigo oculto, de quem se não desconfia.

77. Os que repelem tudo que não afete os nossos sentidos, não admitem essa causa oculta; mas, quando a Ciência tiver saído da senda materialista, reconhecerá na ação do mundo invisível que nos cerca, e no meio do qual vivemos, um poder que reage sobre as coisas físicas, assim como sobre as morais; será um novo caminho aberto ao progresso e a chave de grande número de fenômenos até hoje mal compreendidos.

78. Como a obsessão nunca pode ser produto de um bom Espírito, torna-se um ponto essencial o saber reconhecer-se a natureza dos que se apresentam.

O médium não esclarecido pode ser enganado pelas aparências, mas o prevenido percebe o menor sinal suspeito, e o Espírito, vendo que nada pode fazer, retira-se.

O conhecimento prévio dos meios de distinguir os bons dos maus Espíritos é, pois, indispensável ao médium que se não quer expor a cair num laço. Ele o é também ao simples observador, que pode, por esse meio, apreciar o justo valor do que vê e ouve. (*O Livro dos Médiuns*, cap. XXIV.)

Qualidades dos médiuns

79. A faculdade mediúnica é uma propriedade do organismo e não depende das qualidades morais do médium; ela se nos mostra desenvolvida, tanto nos mais dignos, como nos mais indignos. Não se dá, porém, o mesmo com a preferência que os Espíritos bons dão ao médium.

80. Os Espíritos bons se comunicam mais ou menos de boa vontade por esse ou aquele médium, segundo a simpatia que lhe votam.

A boa ou má qualidade de um médium não deve ser julgada pela facilidade com que ele obtém comunicações, mas por sua aptidão em recebê-las boas e em não ser ludibriado pelos Espíritos levianos e enganadores.

81. Os médiuns menos moralizados recebem também, algumas vezes, excelentes comunicações, que não podem vir senão de bons Espíritos, o que não deve ser motivo de espanto: é muitas vezes no interesse dos médiuns e com o fim de dar-lhes sábios conselhos. Se eles os desprezam, maior será a sua culpa, porque são eles que lavram a sua própria condenação. Deus, cuja bondade é infinita, não pode recusar assistência àqueles que mais necessitam dela. O virtuoso missionário que vai moralizar os criminosos, não faz mais que os bons Espíritos com os médiuns imperfeitos.

De outra sorte, os bons Espíritos, querendo dar um ensino útil a todos, servem-se do instrumento que têm à mão; porém, deixam-no logo que encontram outro que lhes seja mais afim e melhor se aproveite de suas lições.

Retirando-se os bons Espíritos, os inferiores, que pouco se importam com as más qualidades morais do médium, acham então o campo livre. Resulta daí que os médiuns imperfeitos, moralmente falando, os que não procuram emendar-se, tarde ou cedo são presas dos maus Espíritos, que, muitas vezes, os conduzem à ruína e às maiores desgraças, mesmo na vida terrena.

Quanto à sua faculdade, tão bela no começo e que assim devia ter sido conservada, perverte-se pelo abandono dos bons Espíritos, e, afinal, desaparece.

82. Os médiuns de mais mérito não estão ao abrigo das mistificações dos Espíritos embusteiros; primeiro, porque não há ainda, entre nós, pessoa assaz perfeita, para não ter algum lado fraco, pelo qual dê acesso aos maus Espíritos; segundo, porque os bons Espíritos permitem mesmo, às vezes, que os maus venham, a fim de exercitarmos a nossa razão, aprendermos a distinguir a verdade do erro e ficarmos de prevenção, não aceitando cegamente e sem exame tudo quanto nos venha dos Espíritos; nunca, porém, um Espírito bom nos virá enganar; o erro, qualquer que seja o nome que o apadrinhe, vem de uma fonte má.

Essas mistificações ainda podem ser uma prova para a paciência e perseverança do espírita, médium ou não; e aqueles que desanimam, com algumas decepções, dão prova aos bons Espíritos de que não são instrumentos com que eles possam contar.

83. Não nos deve admirar ver maus Espíritos obsidiarem pessoas de mérito, quando vemos na Terra homens de bem perseguidos por aqueles que o não são.

É digno de nota que, depois da publicação de *O Livro dos Médiuns*, o número de médiuns obsidiados diminuiu muito; os médiuns, prevenidos, tornam-se vigilantes e espreitam os menores indícios que lhes podem denunciar a presença de mistificadores.

A maioria dos que se mostram ainda nesse estado não fizeram o estudo prévio recomendado, ou não deram importância aos conselhos que receberam.

84. O que constitui o médium, propriamente dito, é a faculdade; sob este ponto de vista, pode ser mais ou menos formado, mais ou menos desenvolvido.

O médium *seguro*, aquele que pode ser realmente qualificado de *bom médium*, é o que aplica a sua faculdade, buscando tornar-se apto a servir de intérprete aos bons Espíritos.

O poder que tem o médium de atrair os bons e repelir os maus Espíritos, está na razão da sua superioridade moral, da posse do maior número de qualidades que constituem o homem de bem; é por esses dotes que se concilia a simpatia dos bons e se adquire ascendência sobre os maus Espíritos.

85. Pelo mesmo motivo, as imperfeições morais do médium, aproximando-o da natureza dos maus Espíritos, tiram-lhe a influência necessária para afastá-los de si; *em vez de se impor, sofre a imposição destes.*

Isto não só se aplica aos médiuns, como também a todos indistintamente, visto que ninguém há que não esteja sujeito à influência dos Espíritos. (Vede acima, números 74 e 75.)

86. Para impor-se ao médium, os maus Espíritos sabem explorar habilmente todas as suas fraquezas, e, entre os nossos defeitos, o que lhes dá margem maior é o *orgulho*, sentimento que se encontra mais dominante na maioria dos médiuns obsidiados e, principalmente, nos *fascinados*. É o *orgulho* que faz se julguem infalíveis e repilam todos os conselhos.

Esse sentimento é infelizmente excitado pelos elogios de que são objeto; basta que um médium apresente faculdade um pouco transcendente, para que o busquem, o adulem, dando lugar a que ele exagere sua importância e se julgue como indispensável, o que vem a perdê-lo.

87. Enquanto o médium imperfeito se orgulha pelos nomes ilustres, freqüentemente apócrifos, que assinam as comunicações por ele recebidas e se considera intérprete privilegiado das potências celestes, o *bom médium* nunca se crê assaz digno de tal favor; ele tem sempre uma salutar desconfiança do merecimento do que recebe e não se fia no seu próprio juízo; não sendo senão instrumento passivo, compreende que o bom resultado não lhe confere mérito pessoal, como nenhuma responsabilidade lhe cabe pelo mau; e que seria ridículo crer na identidade absoluta dos Espíritos que se lhe manifestam. Deixa que terceiros, desinteressados, julguem do seu trabalho, sem que o seu amor-próprio se ofenda por qualquer decisão contrária, do mesmo modo que um ator não se pode dar por ofendido com as censuras feitas à peça de que é intérprete.

O seu caráter distintivo é a simplicidade e a modéstia; julga-se feliz com a faculdade que possui, não por vanglória, mas por lhe ser um meio de tornar-se útil, o que faz de boa mente quando se lhe oferece ocasião, sem jamais incomodar-se por não o preferirem aos outros.

Os médiuns são os intermediários, os intérpretes dos Espíritos; ao evocador e, mesmo, ao simples observador, cabe apreciar o mérito do instrumento.

88. Como todas as outras faculdades, a mediunidade é um dom de Deus, que se pode empregar tanto para o bem quanto para o mal, e da qual se pode abusar. Seu fim é pôr-nos em relação direta com as almas daqueles que viveram, a fim de recebermos ensinamentos e iniciações da vida futura.

Assim como a vista nos põe em relação com o mundo visível, a mediunidade nos liga ao invisível.

Aquele que dela se utiliza para o seu adiantamento e o de seus irmãos, desempenha uma verdadeira missão e será recompensado. O que abusa e a emprega em coisas fúteis ou para satisfazer interesses materiais, desvia-a do seu fim providencial, e, tarde ou cedo, será punido, como todo homem que faça mau uso de uma faculdade qualquer.

CHARLATANISMO

89. Certas manifestações espíritas facilmente se prestam à imitação; porém, apesar de as terem explorado os prestidigitadores e charlatães, do mesmo modo que o fazem com tantos outros fenômenos, é absurdo crer-se que elas não existam e sejam sempre produto do charlatanismo.

Quem estudou e conhece as condições normais em que elas se dão, distingue facilmente a imitação da realidade;

além disso, aquela nunca pode ser completa e só ilude o ignorante, incapaz de distinguir as diferenciações características do fenômeno verdadeiro.

90. As manifestações que se imitam, com mais facilidade, são as de efeitos físicos e as de efeitos inteligentes vulgares, como movimentos, pancadas, transportes, escrita direta, respostas banais, etc.; não se dá o mesmo, porém, com as comunicações inteligentes de subido alcance; para imitar aquelas, bastam destreza e habilidade; ao passo que, para simular as últimas, se torna necessária, quase sempre, uma instrução pouco comum, uma superioridade intelectiva excepcional, uma faculdade de improvisação universal, se assim nos permitem classificá-la.

91. Os que não conhecem o Espiritismo, são geralmente induzidos a suspeitar da boa-fé dos médiuns; só o estudo e a experiência lhes poderão fornecer os meios de se certificarem da realidade dos fatos; fora disso, a melhor garantia que podem ter está no desinteresse absoluto e na probidade do médium; há pessoas que, por sua posição e caráter, estão acima de qualquer suspeita.

Se a tentação do lucro pode excitar à fraude, o bom-senso diz que o charlatanismo não se mostra onde nada tem a ganhar. (*O Livro dos Médiuns*, cap. XXVIII: "Do charlatanismo e do embuste" – *Médiuns interesseiros, Fraudes espíritas*, nº 304. — *Revue Spirite*, 1862, pág. 52.)

92. Entre os adeptos do Espiritismo, encontram-se entusiastas e exaltados, como em todas as coisas; são, em geral, os piores propagadores, porque a facilidade com que, sem exame, aceitam tudo, desperta desconfiança.

O espírita esclarecido repele esse entusiasmo cego, observa com frieza e calma, e, assim, evita ser vítima de ilusões e mistificações. À parte toda a questão de boa-fé, o observador novato deve, antes de tudo, atender à gravidade do caráter daqueles a quem se dirige.

Identidade dos Espíritos

93. Uma vez que no meio dos Espíritos se encontram todos os caprichos da humanidade, não podem deixar de existir entre eles os ardilosos e os mentirosos; alguns não têm o menor escrúpulo de se apresentar sob os mais respeitáveis nomes, com o fim de inspirarem mais confiança. Devemos, pois, abster-nos de crer de um modo absoluto na autenticidade de todas as assinaturas de Espíritos.

94. A identidade é uma das grandes dificuldades do Espiritismo prático, sendo muitas vezes impossível verificá-la, sobretudo quando se trata de Espíritos superiores, antigos relativamente à nossa época.

Entre os que se manifestam, muitos não têm nomes para nós; mas, então, para fixar as nossas idéias, eles podem tomar o de um Espírito conhecido, da mesma categoria da sua; de modo que, se um Espírito se comunicar com o nome de S. Pedro, por exemplo, nada nos prova que seja precisamente o apóstolo desse nome; tanto pode ser ele como outro da mesma ordem, como ainda um enviado seu. A questão da identidade é, neste caso, inteiramente secundária e seria pueril atribuir-lhe importância; o que importa é a natureza do ensino, se é bom ou mau, digno ou indigno da personagem que o assina; se esta o subscreveria ou repeliria: eis a questão.

95. A identidade é de mais fácil verificação quando se trata de Espíritos contemporâneos, cujo caráter e hábitos sejam conhecidos, porque é por esses mesmos hábitos e particularidades da vida privada que a identidade se revela mais seguramente e, muitas vezes, de modo incontestável.

Quando se evoca um parente ou um amigo, é a personalidade que interessa, e então é muito natural buscar-se reconhecer a identidade; os meios, porém, que geralmente emprega para isso quem não conhece o Espiritismo, senão imperfeitamente, são insuficientes e podem induzir a erro.

96. O Espírito revela sua identidade por grande número de circunstâncias, patenteadas nas comunicações, nas quais se refletem seus hábitos, caráter, linguagem e até locuções familiares.

Ela se revela ainda nos detalhes íntimos em que entra *espontaneamente*, com as pessoas a quem ama: são as melhores provas; é muito raro, porém, que ele satisfaça às perguntas diretas que lhe são feitas a esse respeito, sobretudo se elas partirem de pessoas que lhe são indiferentes, com intuito de curiosidade ou de prova.

O Espírito demonstra a sua identidade como quer e pode, segundo o gênero de faculdade do seu intérprete e, às vezes, essas provas são superabundantes; o erro está em querer que ele as dê, como deseja o evocador; é então que ele recusa sujeitar-se às exigências. (*O Livro dos Médiuns*, cap. XXIV: "Identidade dos Espíritos". — *Revue Spirite*, 1862, pág. 82: "Fait d'identité".)

Contradições

97. As contradições que freqüentemente se notam, na linguagem dos Espíritos, não podem causar admiração senão àqueles que só possuem da ciência espírita um conhecimento incompleto, pois são a conseqüência da natureza mesma dos Espíritos, que, como já dissemos, não sabem as coisas senão na razão do seu adiantamento, sendo que muitos podem saber menos que certos homens.

Sobre grande número de pontos, eles não emitem mais que a sua opinião pessoal, que pode ser mais ou menos acertada, e conservar ainda um reflexo dos prejuízos terrestres de que se não despojaram; outros forjam sistemas seus, sobre aquilo que ainda não conhecem, particularmente no que diz respeito a questões científicas e à origem das coisas. Nada, pois, há de surpreendente, em que nem sempre estejam de acordo.

98. Espantam-se de encontrarem comunicações contraditórias assinadas por um mesmo nome. Somente os Espíritos inferiores mudam de linguagem com as circunstâncias, mas os Espíritos superiores nunca se contradizem.

Por pouco que se esteja iniciado nos mistérios do mundo espiritual, sabe-se com que facilidade certos Espíritos adotam nomes diferentes, para dar mais peso às suas palavras; disso com segurança se pode inferir que se duas comunicações, radicalmente contraditórias no fundo, trazem o mesmo nome respeitável, uma delas é necessariamente apócrifa.

99. Dois meios podem servir para fixar as idéias sobre as questões duvidosas: o primeiro, é submeter todas as comunicações ao exame severo da razão, do bom-senso e da lógica; é uma recomendação que fazem todos os bons Espíritos; abstêm-se de fazê-la os maus, pois sabem não ter senão a perder com esse exame sério, pelo que evitam discussão e querem ser cridos sob palavra. O segundo critério da verdade está na concordância do ensino. Quando o mesmo princípio é ensinado em muitos pontos por diferentes Espíritos e médiuns estranhos uns aos outros e isentos de idênticas influências, pode-se concluir que ele está mais próximo da verdade do que aquele que emana de uma só fonte e é contradito pela maioria. (*O Livro dos Médiuns*, cap. XXVII, "Das contradições e das mistificações". — *Revue Spirite*, abril 1864, pág. 99: "Autorité de la doctrine spirite". — *O Evangelho segundo o Espiritismo*, "Introdução".)

Conseqüências do Espiritismo

100. Ante a incerteza das revelações feitas pelos Espíritos, perguntarão: para que serve, então, o estudo do Espiritismo?

Para provar materialmente a existência do mundo espiritual. Sendo o mundo espiritual formado pelas almas daqueles que viveram, resulta de sua admissão a prova da existência da alma e sua sobrevivência ao corpo.

As almas que se manifestam, nos revelam suas alegrias ou seus sofrimentos, segundo o modo por que empregaram o tempo de vida terrena; nisto temos a prova das penas e recompensas futuras.

Descrevendo-nos seu estado e situação, as almas ou Espíritos retificam as idéias falsas que faziam da vida futura e, principalmente, acerca da natureza e duração das penas.

Passando assim a vida futura do estado de teoria vaga e incerta ao de fato conhecido e positivo, aparece a necessidade de trabalhar o mais possível, durante a vida presente, que é tão curta, em proveito da vida futura, que é indefinida.

Suponhamos que um homem de vinte anos tenha a certeza de morrer aos vinte e cinco anos, que fará ele nestes cinco anos que lhe restam? trabalhará para o futuro? certamente que não; procurará gozar o mais possível, acreditando ser uma tolice submeter-se a fadigas e privações, sem proveito. Se, porém, ele tiver a certeza de viver até aos oitenta anos, seu procedimento será outro, porque então compreenderá a necessidade de sacrificar alguns instantes do repouso atual para assegurar o repouso futuro, durante longos anos. O mesmo se dá com aquele que tem a certeza da vida futura.

A dúvida relativamente a esse ponto conduz naturalmente a tudo sacrificar aos gozos do presente, daí ligar-se excessiva importância aos bens materiais.

A importância que se dá aos bens materiais excita a cobiça, a inveja e o ciúme do que tem pouco contra aquele que tem muito.

Da cobiça ao desejo de adquirir, por qualquer preço, o que o vizinho possui, o passo é simples; daí ódios, querelas, processos, guerras e todos os males engendrados pelo egoísmo.

Com a dúvida sobre o futuro, o homem, acabrunhado nesta vida pelo desgosto e pelo infortúnio, não vê senão na morte o termo dos seus sofrimentos; e assim, nada esperando, procura pelo suicídio a aproximação desse termo. Sem esperança de futuro é natural que o homem seja afetado e se desespere com as decepções por que passa. Os abalos violentos que experimenta, repercutem-lhe no cérebro e são a fonte da maioria dos casos de loucura.

Sem a vida futura, a atual se torna para o homem a coisa capital, o único objeto de suas preocupações, ao qual ele tudo subordina; por isso, quer gozar a todo custo, não só os bens materiais como as honrarias; aspira a brilhar, elevar-se acima dos outros, eclipsar os vizinhos por seu fausto e posição; daí a ambição desordenada e a importância que liga aos títulos e a todos os efeitos da vaidade, pelos quais ele é capaz de sacrificar a própria honra, porque nada mais vê além. A certeza da vida futura e de suas conseqüências muda-lhe totalmente a ordem de idéias e lhe faz ver as coisas por outro prisma; é um véu que se levanta descobrindo imenso e esplêndido horizonte.

Diante da infinidade e grandeza da vida de Além-Túmulo, a vida terrena some-se, como um segundo na contagem dos séculos, como o grão de areia ao lado de uma montanha. Tudo se torna pequeno, mesquinho, e ficamos pasmos de haver dado importância a coisas tão efêmeras e pueris. Daí, no meio dos acontecimentos da vida, uma calma, uma tranqüilidade que já constituem uma felicidade, comparadas às desordens e tormentos a que nos sujeitamos, com o fito de nos elevarmos acima dos outros; daí, também, para as vicissitudes e decepções, uma indiferença que, tirando todo motivo de desespero, afasta numerosos casos de loucura e desvia forçosamente o pensamento do suicídio.

Com a certeza do futuro, o homem espera e se resigna; com a dúvida perde a paciência, porque nada espera do presente.

O exame daqueles que já viveram, provando que a soma da felicidade futura está na razão do progresso moral efetuado e do bem que se praticou na Terra; que a soma de desditas está na razão dos vícios e más ações, imprime em quantos estão bem convencidos dessa verdade uma tendência, assaz natural, para fazer o bem e evitar o mal.

Quando a maioria dos homens estiver convencida dessa idéia, quando ela professar esses princípios e praticar o bem, este, impreterivelmente, triunfará do mal aqui na Terra; procurarão os homens não mais se molestarem uns aos outros, regularão suas instituições sociais — tendo em vista o bem de todos e não o proveito de alguns; em uma palavra, compreenderão que a lei da caridade ensinada pelo Cristo é a fonte da felicidade, mesmo neste mundo, e assim basearão as leis civis sobre as leis da caridade.

A demonstração da existência do mundo espiritual que nos cerca e de sua ação sobre o mundo corporal, é a revelação de uma das forças da Natureza e, por conseqüência, a chave de grande número de fenômenos até agora incompreendidos, tanto na ordem física quanto na moral.

Quando a Ciência levar em conta essa nova força até hoje desconhecida, retificará imenso número de erros provenientes de atribuir tudo a uma única causa: *a matéria*. O conhecimento dessa nova causa, nos fenômenos da Natureza, será uma alavanca para o progresso, produzirá o efeito da descoberta de um agente inteiramente novo.

Com o auxílio da lei espírita, o horizonte da Ciência se alargará, como se alargou com o da lei da gravitação.

Quando do alto de suas cátedras os sábios proclamarem a existência do mundo espiritual e sua participação nos fenômenos da vida, eles infiltrarão na mocidade o contraveneno das idéias materialistas, em vez de predispô-la à negação do futuro.

Nas lições de filosofia clássica, os professores ensinam a existência da alma e seus atributos, segundo as diversas escolas, mas sem apresentar provas materiais.

Não parece estranho que, quando se lhes fornecem as provas que não tinham, eles as repilam e classifiquem de superstições?

Não será isso o mesmo que confessar a seus discípulos que eles lhes ensinam a existência da alma, mas que de tal fato não têm prova alguma?

Quando um sábio emite uma hipótese, sobre um ponto de ciência, procura com empenho e colhe com alegria tudo o que possa demonstrar a veracidade dessa hipótese; como, pois, um professor de filosofia, cujo dever é provar a seus discípulos que eles têm uma alma, despreza os meios de lhes fornecer uma patente demonstração?

101. Suponhamos que os Espíritos sejam incapazes de ensinar-nos alguma coisa além do que já sabemos, ou do que por nós mesmos poderemos saber; vê-se que só a demonstração da existência do mundo espiritual conduz forçosamente a uma revolução nas idéias; ora, uma revolução nas idéias não pode deixar de produzir outra na ordem das coisas. É esta revolução que o Espiritismo prepara.

102. Os Espíritos, porém, fazem mais que isso; se as suas revelações são rodeadas de certas dificuldades, se elas exigem minuciosas precauções para se lhes comprovar a exatidão, não é menos real que os Espíritos esclarecidos — quando sabemos interrogá-los e quando lhes é permitido — podem revelar-nos fatos ignorados, dar-nos a explicação do que não compreendemos e encaminhar-nos para um progresso mais rápido. É nisto, sobretudo, que o estudo sério e completo da ciência espírita é indispensável, a fim de só se lhe pedir o que ela pode dar e do modo por que o pode fazer; ultrapassando esses limites é que nos expomos a ser enganados.

103. As menores causas podem produzir grandes efeitos; assim como de um grãozinho pode brotar uma árvore imensa, a queda de um fruto fez descobrir a lei que rege os mundos; as rãs, saltando num prato, revelaram a potência galvânica; também do fenômeno vulgar das mesas girantes saiu a prova da existência do mundo invisível, e, desta, uma doutrina que, em alguns anos, fez a volta do mundo e pode regenerá-lo pela verificação da realidade da vida futura.

104. O Espiritismo ensina poucas verdades absolutamente novas, ou mesmo nenhuma, em virtude do axioma — *nada há de novo debaixo do Sol.*

Só as verdades eternas são absolutas; as que o Espiritismo prega, sendo fundadas sobre leis naturais, existiram de todos os tempos, pelo que encontraremos, em todas as épocas, esses germens que, mediante estudo mais completo e mais atentas observações, conseguiram desenvolver. As verdades ensinadas pelo Espiritismo são antes conseqüências que descobertas.

O Espiritismo não descobriu nem inventou os Espíritos, como não descobriu o mundo espiritual, no qual se acreditou em todos os tempos; todavia, ele o prova por fatos materiais e o apresenta em sua verdadeira luz, desembaraçando-o dos preconceitos e idéias supersticiosas, filhos da dúvida e da incredulidade.

OBSERVAÇÃO — Estas explicações, incompletas como são, bastam para mostrar a base em que se assenta o Espiritismo, o caráter das manifestações e o grau de confiança que podem inspirar, segundo as circunstâncias.

CAPÍTULO III

Solução de alguns problemas pela Doutrina Espírita

CAPÍTULO III

Solução de alguns problemas pela Doutrina Espírita

PLURALIDADE DOS MUNDOS

105. *Os diferentes mundos que circulam no espaço, terão habitantes como a Terra?*

Todos os Espíritos o afirmam e a razão diz que assim deve ser. A Terra não ocupa no Universo nenhuma posição especial, nem por sua colocação, nem pelo seu volume, e nada justificaria o privilégio exclusivo de ser habitada. Além disso, Deus não teria criado milhares de globos, com o fim único de recrear-nos a vista, tanto mais que o maior número deles se acha fora de nosso alcance. (*O Livro dos Espíritos*, nº 55. — *Revue Spirite*, 1858, pág. 65: "Pluralité des mondes", por Flammarion.)

106. *Se os mundos são povoados, serão seus habitantes, em tudo, semelhantes aos da Terra? Em uma palavra, poderiam eles viver entre nós, e nós entre eles?*

A forma geral poderia ser, mais ou menos, a mesma, mas o organismo deve ser adaptado ao meio em que eles têm de viver, como os peixes são feitos para viver na água e as aves no ar.

Se o meio for diverso, como tudo leva a crê-lo e como parece demonstrá-lo as observações astronômicas, a organização deve ser diferente; não é, pois, provável que, em seu estado normal, eles possam mudar de mundo com os mesmos corpos. Isto é confirmado por todos os Espíritos.

107. *Admitindo que esses mundos sejam povoados, estarão na mesma colocação que o nosso, sob o ponto de vista intelectual e moral?*

Segundo o ensino dos Espíritos, os mundos se acham em graus de adiantamento muito diferentes; alguns estão no mesmo ponto que o nosso; outros são mais atrasados, sendo sua humanidade mais bruta, mais material e mais propensa ao mal. Pelo contrário, outros são muito mais adiantados moral, intelectual e fisicamente; neles, o mal moral é desconhecido, as artes e as ciências já atingiram um grau de perfeição que foge à nossa apreciação; a organização física, menos material, não está sujeita aos sofrimentos, moléstias e enfermidades; aí os homens vivem em paz, sem buscar o prejuízo uns dos outros, isentos dos desgostos, cuidados, aflições e necessidades que os apoquentam na Terra. Há, finalmente, outros ainda mais adiantados, onde o invólucro corporal, quase fluídico, se aproxima cada vez mais da natureza dos anjos.

Na série progressiva dos mundos, o nosso nem ocupa o primeiro nem o último lugar, mas é um dos mais materializados e atrasados. (*Revue Spirite*, 1858, págs. 67, 108 e 223. — *Idem*, 1860, págs. 318 e 320. — *O Evangelho segundo o Espiritismo*, cap. III.)

Da alma

108. *Qual a sede da alma?*

A alma não está, como geralmente se crê, localizada num ponto particular do corpo; ela forma com o perispírito um conjunto fluídico, penetrável, assimilando-se ao corpo inteiro, com o qual ela constitui um ser complexo, do qual a morte não é, de alguma sorte, mais que um *desdobramento*. Podemos figuradamente supor dois corpos semelhantes na forma, um encaixado no outro, confundidos durante a vida e separados depois da morte. Nessa ocasião um deles é destruído, ao passo que o outro subsiste.

Durante a vida a alma age mais especialmente sobre os órgãos do pensamento e do sentimento. Ela é, ao mesmo tempo, interna e externa, isto é, irradia exteriormente, podendo mesmo isolar-se do corpo, transportar-se ao longe e aí manifestar sua presença, como o provam a observação e os fenômenos sonambúlicos.

109. *Será a alma criada ao mesmo tempo que o corpo, ou anteriormente a este?*

Depois da questão da existência da alma, é esta uma das questões mais capitais, porque de sua solução dimanam as mais importantes conseqüências; ela é a única capaz de explicar uma multidão de problemas até hoje insolúveis, por não se ter nela acreditado.

De duas uma: ou a alma existia, ou não existia antes da formação do corpo; não pode haver meio-termo.

Com a preexistência da alma tudo se explica lógica e naturalmente; sem ela, encontram-se tropeços a cada passo, e, mesmo, certos dogmas da Igreja ficam sem justificação, o que tem conduzido muitos pensadores à incredulidade.

Os Espíritos resolveram a questão afirmativamente, e os fatos, como a lógica, não podem deixar dúvidas a esse respeito.

Admita-se, ao menos como hipótese, a preexistência da alma, e veremos aplainar-se a maioria das dificuldades.

110. *Se a alma já existia, antes da sua união com o corpo tinha ela sua individualidade e consciência de si?*

Sem individualidade e sem consciência de si mesma, seria como se não existisse.

111. *Antes da sua união com o corpo, já tinha a alma feito algum progresso, ou estava estacionária?*

O progresso anterior da alma é simultaneamente demonstrado pela observação dos fatos e pelo ensino dos Espíritos.

112. *Criou Deus as almas iguais moral e intelectualmente, ou fê-las mais perfeitas e inteligentes umas que as outras?*

Se Deus as houvesse feito umas mais perfeitas que as outras, não conciliaria essa preferência com a justiça.

Sendo todas as criaturas obra sua, por que dispensaria ele do trabalho umas, quando o impõe a outras para alcançarem a felicidade eterna?

A desigualdade das almas em sua origem seria a negação da justiça de Deus.

113. *Se as almas são criadas iguais, como explicar a diversidade de aptidões e predisposições naturais que notamos entre os homens, na Terra?*

Essa diversidade é a conseqüência do progresso feito pela alma, antes da sua união ao corpo.

As almas mais adiantadas, em inteligência e moralidade, são as que têm vivido mais e mais progredido antes de sua encarnação.

114. *Qual o estado da alma em sua origem?*

As almas são criadas simples e ignorantes, isto é, sem ciência e sem conhecimento do bem e do mal, mas com igual aptidão para tudo. A princípio, encontram-se numa espécie de infância, sem vontade própria e sem consciência perfeita de sua existência. Pouco a pouco o livre-arbítrio se desenvolve, ao mesmo tempo que as idéias. (*O Livro dos Espíritos*, nºˢ 114 e seguintes.)

115. *Fez a alma esse progresso anterior, no estado de alma propriamente dita, ou em precedente existência corporal?*

Além do ensino dos Espíritos sobre esse ponto, o estudo dos diferentes graus de adiantamento do homem, na Terra, prova que o progresso anterior da alma deve fazer-se em uma série de existências corporais, mais ou menos numerosas, segundo o grau a que ele chegou; a prova disto está na observação dos fatos que diariamente estão sob os nossos olhos. (*O Livro dos Espíritos*, nºˢ 166 a 222. — *Revue Spirite*, abril, 1862, páginas 97 a 106.)

O HOMEM DURANTE A VIDA TERRENA

116. *Como e em que momento se opera a união da alma ao corpo?*

Desde a concepção, o Espírito, ainda que errante, está, por um cordão fluídico, preso ao corpo com o qual se deve unir. Este laço se estreita cada vez mais, à medida que o corpo se vai desenvolvendo. Desde esse momento, o Espírito sente uma perturbação que cresce sempre; ao aproximar-se do nascimento, ocasião em que ela se torna completa, o Espírito perde a consciência de si e não recobra as idéias senão gradualmente, a partir do momento em que a criança começa a respirar; a união então é completa e definitiva.

117. *Qual o estado intelectual da alma da criança no momento de nascer?*

Seu estado intelectual e moral é o que tinha antes da união ao corpo, isto é, a alma possui todas as idéias anteriormente adquiridas; mas, em razão da perturbação que acompanha a mudança de estado, suas idéias se acham momentaneamente em estado latente. Elas se vão esclarecendo aos poucos, mas não se podem manifestar senão proporcionalmente ao desenvolvimento dos órgãos.

118. *Qual a origem das idéias inatas, das disposições precoces, das aptidões instintivas para uma arte ou ciência, abstração feita da instrução?*

As idéias inatas não podem ter senão duas fontes: a criação das almas mais perfeitas umas que as outras, no caso de serem criadas ao mesmo tempo que o corpo, ou um progresso por elas adquirido anteriormente à encarnação.

Sendo a primeira hipótese incompatível com a justiça de Deus, só fica de pé a segunda.

As idéias inatas são o resultado dos conhecimentos adquiridos nas existências anteriores, são idéias que se conservaram no estado de intuição, para servirem de base à aquisição de outras novas.

119. *Como se podem revelar gênios nas classes da sociedade inteiramente privadas de cultura intelectual?*

É um fato que prova serem as idéias inatas independentes do meio em que o homem foi educado. O ambiente e a educação desenvolvem as idéias inatas, mas não no-las podem dar. O homem de gênio é a encarnação de um Espírito adiantado que muito houvera já progredido. A educação pode fornecer a instrução que falta, mas não o gênio, quando este não exista.

120. *Por que encontramos crianças instintivamente boas em um meio perverso, apesar dos maus exemplos que colhem, ao passo que outras são instintivamente viciosas em um meio bom, apesar dos bons conselhos que recebem?*

É o resultado do progresso moral adquirido, como as idéias inatas são o resultado do progresso intelectual.

121. *Por que de dois filhos do mesmo pai, educados nas mesmas condições, um é às vezes inteligente e o outro estúpido, um bom e o outro mau? Por que o filho de um homem de gênio é, algumas vezes, um tolo, e o de um tolo, um homem de gênio?*

É um fato esse que vem em abono da origem das idéias inatas; prova, além disso, que a alma do filho não procede, de sorte alguma, da dos pais; se assim não fosse, em virtude do axioma que a parte é da mesma natureza que o todo, os pais transmitiriam aos filhos as suas qualidades e defeitos próprios, como lhes transmitem o princípio das qualidades corporais. Na geração, somente o corpo procede do corpo, mas as almas são independentes umas das outras.

122. *Se as almas são independentes umas das outras, donde vem o amor dos pais pelos filhos e o destes por aqueles?*

Os Espíritos se ligam por simpatia, e o nascimento em tal ou tal família não é um efeito do acaso, mas depende muitas vezes da escolha feita pelo Espírito, que vem juntar-se àqueles a quem amou no mundo espiritual ou em suas precedentes existências. Por outro lado, os pais têm por missão ajudar o progresso dos Espíritos que encarnam como seus filhos, e, para excitá-los a isso, Deus lhes inspira uma afeição mútua; muitos, porém, faltam a essa missão, sendo por isso punidos. (*O Livro dos Espíritos*, nº 379, "Da Infância".)

123. *Por que há maus pais e maus filhos?*

São Espíritos que não se ligaram na mesma família por simpatia, mas com o fim de servirem de instrumentos de provas uns aos outros e, muitas vezes, para punição do que foram em existência anterior; a um é dado um mau filho, porque também ele o foi; a outro, um mau pai, pelo mesmo motivo, a fim de que sofram a pena de talião. (*Revue Spirite*, 1861, pág. 270: "La Peine du talion".)

124. *Por que encontramos em certas pessoas, nascidas em condição servil, instintos de dignidade e grandeza, enquanto outras, nascidas nas classes superiores, só apresentam instintos de baixeza?*

É uma reminiscência intuitiva da posição social que o Espírito já ocupou, e do seu caráter na existência precedente.

125. *Qual a causa das simpatias e antipatias que se manifestam entre pessoas que se vêem pela primeira vez?*

São quase sempre entes que se conheceram e, algumas vezes, se amaram em uma existência anterior, e que, encontrando-se nesta, são atraídos um para o outro. As antipatias instintivas provêm também, muitas vezes, de relações anteriores.

Esses dois sentimentos podem ainda ter uma outra causa. O perispírito irradia ao redor do corpo, formando uma espécie de atmosfera impregnada das qualidades boas ou más do Espírito encarnado. Duas pessoas que se encontram, experimentam, pelo contacto desses fluidos, a impressão sensitiva, impressão que pode ser agradável ou desagradável; os fluidos tendem a confundir-se ou a repelir-se, segundo sua natureza semelhante ou dessemelhante. É assim que se pode explicar o fenômeno da transmissão de pensamento. Pelo contacto desses fluidos, duas almas, de algum modo, lêem uma na outra; elas se adivinham e compreendem, sem se falarem.

126. *Por que não conserva o homem a lembrança de suas anteriores existências? Não será ela necessária ao seu progresso futuro?*

(Vede a parte que trata do *Esquecimento do passado*, pág. 141.)

127. *Qual a origem do sentimento a que chamamos consciência?*

É uma recordação intuitiva do progresso feito nas precedentes existências e das resoluções tomadas pelo Espírito antes de encarnar, resoluções que ele, muitas vezes, esquece como homem.

128. *Tem o homem o livre-arbítrio, ou está sujeito à fatalidade?*

Se a conduta do homem fosse sujeita à fatalidade, não haveria para ele nem responsabilidade do mal, nem mérito do bem que pratica. Toda punição seria uma injustiça, toda recompensa um contra-senso. O livre-arbítrio do homem é uma conseqüência da justiça de Deus, é o atributo que a divindade imprime àquele e o eleva acima de todas as outras criaturas. É isto tão real que a estima dos homens, uns pelos outros, baseia-se na admissão desse livre-arbítrio; quem, por uma enfermidade, loucura, embriaguez ou idiotismo, perde acidentalmente essa faculdade, é lastimado ou desprezado.

O materialista que faz todas as faculdades morais e intelectuais dependerem do organismo, reduz o homem ao estado de máquina, sem livre-arbítrio e, por conseqüência, sem responsabilidade do mal e sem mérito do bem que pratica. (*Revue Spirite*, 1861, pág. 76: "La tête de Garibaldi". — *Idem*, 1862, pág. 97: "Phrénologie spiritualiste".)

129. *Será Deus o criador do mal?*

Deus não criou o mal; Ele estabeleceu leis, e estas são sempre boas, porque Ele é soberanamente bom; aquele que as observasse fielmente, seria perfeitamente feliz; porém, os Espíritos, tendo seu livre-arbítrio, nem sempre as observam, e é dessa infração que provém o mal.

130. *O homem já nasce bom ou mau?*

É preciso fazermos uma distinção entre a alma e o homem. A alma é criada simples e ignorante, isto é, nem boa nem má, porém suscetível, em razão do seu livre-arbítrio, de seguir o bom ou o mau caminho, ou, por outra, de observar ou infringir as leis de Deus. O homem nasce bom ou mau, segundo seja ele a encarnação de um Espírito adiantado ou atrasado.

131. *Qual a origem do bem e do mal na Terra e por que este predomina?*

A imperfeição dos Espíritos que aqui se encarnam, é a origem do mal na Terra; quanto à predominância deste, provém da inferioridade do planeta, cujos habitantes são, na maioria, Espíritos inferiores ou que pouco têm progredido. Em mundos mais adiantados, onde só encarnam Espíritos depurados, o mal não existe ou está em minoria.

132. *Qual a causa dos males que afligem a humanidade?*

O nosso mundo pode ser considerado, ao mesmo tempo, como escola de Espíritos pouco adiantados e cárcere de Espíritos criminosos. Os males da nossa humanidade são a conseqüência da inferioridade moral da maioria dos Espíritos que a formam. Pelo contato de seus vícios, eles se infelicitam reciprocamente e punem-se uns aos outros.

133. *Por que vemos tantas vezes o mau prosperar, enquanto o homem de bem vive em aflição?*

Para aquele cujo pensamento não transpõe as raias da vida presente, para quem a acredita única, isto deve parecer clamorosa injustiça. Não se dá, porém, o mesmo com quem admite a pluralidade das existências e pensa na brevidade de cada uma delas, em relação à eternidade.

O estudo do Espiritismo prova que a prosperidade do mau tem terríveis conseqüências em suas seguintes existências; que as aflições do homem de bem são, pelo contrário, seguidas de uma felicidade, tanto maior e duradoura, quanto mais resignadamente ele soube suportá-las; não lhe será mais que um dia mau em uma existência próspera.

134. *Por que nascem alguns na indigência e outros na opulência? Por que vemos tantas pessoas nascerem cegas, surdas, mudas ou afetadas de moléstias incuráveis, enquanto outras possuem todas as vantagens físicas? Será um efeito do acaso, ou um ato da Providência?*

Se fosse do acaso, a Providência não existiria. Admitida, porém, a Providência, perguntamos como se conciliam esses fatos com a sua bondade e justiça? É por falta de compreensão da causa de tais males que muitos se arrojam a acusar Deus.

Compreende-se que quem se torna miserável ou enfermo, por suas imprudências ou por excessos, seja punido por onde pecou: porém, *se a alma é criada ao mesmo tempo que o corpo*, que fez ela para merecer tais aflições, *desde o seu nascimento*, ou para ficar isenta delas?

Se admitimos a justiça de Deus, não podemos deixar de admitir que esse efeito tem uma *causa*; e se esta causa não se encontra na vida presente, deve achar-se antes desta, porque em todas as coisas *a causa deve preceder ao efeito*; há, pois, necessidade de a alma já ter vivido, para que possa merecer uma expiação.

Os estudos espíritas nos mostram, de fato, que mais de um homem, nascido na miséria, foi rico e considerado em uma existência anterior, na qual fez mau uso da fortuna que Deus o encarregara de gerir; que mais de um, nascido na abjeção, foi anteriormente orgulhoso e prepotente, abusou do poder para oprimir os fracos. Esses estudos no-los fazem ver, muitas vezes, sujeitos àqueles a quem trataram com dureza, entregues aos maus-tratos e à humilhação a que submeteram os outros.

Nem sempre uma vida penosa é expiação; muitas vezes é prova escolhida pelo Espírito, que vê um meio de avançar mais rapidamente, conforme a coragem com que saiba suportá-la.

A riqueza é também uma prova, mas muito mais perigosa que a miséria, pelas tentações que dá e pelos abusos que enseja; também o exemplo dos que viveram, demonstra ser ela uma prova em que a vitória é mais difícil. A diferença das posições sociais seria a maior das injustiças — quando não seja o resultado da conduta atual — se ela não tivesse uma compensação. A convicção que dessa verdade adquirimos, pelo Espiritismo, nos dá força para suportarmos as vicissitudes da vida e aceitarmos a nossa sorte, sem invejar a dos outros.

135. *Por que há homens idiotas e imbecis?*

A posição dos idiotas e dos imbecis seria a menos conciliável com a justiça de Deus, na hipótese da unicidade da existência. Por miserável que seja a condição em que o homem nasça, ele poderá sair dela por sua inteligência e trabalho; o idiota e o imbecil, porém, são votados, desde o nascimento até a morte, ao embrutecimento e ao desprezo; para eles não há compensação possível. Por que foi, então, sua alma criada idiota?

Os estudos espíritas, feitos acerca dos imbecis e idiotas, provam que suas almas são tão inteligentes como as dos outros homens; que essa enfermidade é uma expiação infligida a Espíritos que abusaram da inteligência, e sofrem cruelmente por se sentirem presos, em laços que não podem quebrar, e pelo desprezo de que se vêem objeto, quando, talvez, tenham sido tão considerados em encarnação precedente. (*Revue Spirite*, 1860, pág. 173: "L'Esprit d'un idiot". — *Idem*, 1861, pág. 311: "Les crétins".)

136. *Qual o estado da alma durante o sono?*

No sono é só o corpo que repousa, mas o Espírito não dorme. As observações práticas provam que, nessas condições, o Espírito goza de toda a liberdade e da plenitude das suas faculdades; aproveita-se do repouso do corpo, dos momentos em que este lhe dispensa a presença, para agir separadamente e ir aonde quer. Durante a vida, qualquer que seja a distância a que se transporte, o Espírito fica sempre preso ao corpo por um cordão fluídico, que serve para chamá-lo, quando a sua presença se torna necessária. Só a morte rompe esse laço.

137. *Qual a causa dos sonhos?*

Os sonhos são o resultado da liberdade do Espírito durante o sono; às vezes, são a recordação dos lugares e das pessoas que o Espírito viu ou visitou nesse estado. (*O Livro dos Espíritos*: "Emancipação da alma, sono, sonhos, sonambulismo, vista dupla, letargia", etc., n°s 400 e seguintes. — *O Livro dos Médiuns*: "Evocação das pessoas vivas", nº 284. — *Revue Spirite*, 1860, pág. 11: "L'Esprit d'un côté et le corps de l'autre". — *Idem*, 1860, pág. 81: "Étude sur l'Esprit des personnes vivantes".)

138. *Donde vêm os pressentimentos?*

São recordações vagas e intuitivas do que o Espírito aprendeu em seus momentos de liberdade e algumas vezes avisos ocultos dados por Espíritos benévolos.

139. *Por que há na Terra selvagens e homens civilizados?*

Sem a preexistência da alma, esta questão é insolúvel, a menos que admitamos tenha Deus criado almas selvagens e almas civilizadas, o que seria a negação da sua justiça. Além disso, a razão recusa admitir que, depois da morte, a alma do selvagem fique perpetuamente em estado de inferioridade, bem como se ache na mesma elevação que a do homem esclarecido.

Admitindo para as almas um mesmo ponto de partida — única doutrina compatível com a justiça de Deus —, a presença simultânea da selvageria e da civilização, na Terra, é um fato material que prova o progresso que uns já fizeram e que os outros têm de fazer.

A alma do selvagem atingirá, pois, com o tempo, o mesmo grau da alma esclarecida; mas, como todos os dias morrem selvagens, essa alma não pode atingir esse grau senão em encarnações sucessivas, cada vez mais aperfeiçoadas e apropriadas ao seu adiantamento, seguindo todos os graus intermediários a esses dois extremos.

140. *Não será admissível, segundo pensam algumas pessoas, que a alma, não encarnando mais que uma vez, faça o seu progresso no estado de Espírito ou em outras esferas?*

Esta proposição seria admissível, se todos os habitantes da Terra se achassem no mesmo nível moral e intelectual; caso em que se poderia dizer ser a Terra destinada a determinado grau; ora, quantas vezes temos diante de nós a prova do contrário!

Com efeito, não é compreensível que o selvagem não pudesse conseguir civilizar-se aqui na Terra, quando vemos almas mais adiantadas encarnadas ao lado dele; do que resulta a possibilidade da pluralidade das existências terrenas, demonstrada por exemplos que temos à vista.

Se fosse de outro modo, era preciso explicar: 1º, por que só a Terra teria o monopólio das encarnações; 2º, por que, tendo esse monopólio, nela se apresentam almas encarnadas de todos os graus.

141. *Por que, no meio das sociedades civilizadas, se mostram seres de ferocidade comparável à dos mais bárbaros selvagens?*

São Espíritos muito inferiores, saídos das raças bárbaras, que experimentam reencarnar em meio que não é o seu, e onde estão deslocados, como estaria um rústico colocado de repente numa cidade adiantada.

OBSERVAÇÃO — Não é possível admitir-se, sem negar a Deus os atributos de bondade e justiça, que a alma do criminoso endurecido tenha, na vida atual, o mesmo ponto de partida que a de um homem cheio de virtudes.

Se a alma não é anterior ao corpo, a do criminoso e a do homem de bem são tão novas uma como a outra; por que razão, então, uma delas é boa e a outra má?

142. *Donde vem o caráter distintivo dos povos?*

São Espíritos que têm mais ou menos os mesmos gostos e inclinações, que encarnam em um meio simpático e, muitas vezes, no mesmo meio em que podem satisfazer as suas inclinações.

143. *Como progridem e como degeneram os povos?*

Se a alma é criada juntamente com o corpo, as dos homens de hoje são tão novas, tão primitivas, como a dos homens da Idade Média, e, desde então, pergunta-se por que têm elas costumes mais brandos e inteligência mais desenvolvida?

Se na morte do corpo a alma deixa definitivamente a Terra, pergunta-se, ainda, qual seria o fruto do trabalho feito para melhoramento de um povo, se este tivesse de ser recomeçado com as almas novas que diariamente chegam?

Os Espíritos encarnam em um meio simpático e em relação com o grau do seu adiantamento.

Um chinês, por exemplo, que progredisse suficientemente e não encontrasse mais na sua raça um meio correspondente ao grau que atingiu, encarnará entre um povo mais adiantado. À medida que uma geração dá um passo para frente, atrai por simpatia Espíritos mais avançados, os quais são, talvez, os mesmos que já haviam vivido no mesmo país e que, por seu progresso, dele se tinham afastado; é assim que, passo a passo, uma nação avança. Se a maioria dos seus novos habitantes fosse de natureza inferior e os antigos emigrassem diariamente e não mais descessem a um meio inferior, o povo acabaria por degenerar, e, afinal, por extinguir-se.

OBSERVAÇÃO — Essas questões provocam outras que encontram solução no mesmo princípio; por exemplo, donde vem a diversidade de raças, na Terra? — Há raças rebeldes ao progresso? — A raça negra é suscetível de subir ao nível das raças européias? — A escravidão é útil ao progresso das raças inferiores? — Como se pode operar a transformação da Humanidade? — (*O Livro dos Espíritos*: "Lei de progresso", n°s 776 e seguintes. — *Revue Spirite*, 1862, pág. 1: "Doctrine des anges déchus". — *Idem*, 1862, pág. 97: "Perfectibilité de la race nègre".)

O HOMEM DEPOIS DA MORTE

144. *Como se opera a separação da alma e do corpo? É brusca ou gradual?*

O desprendimento opera-se gradualmente e com lentidão variável, segundo os indivíduos e as circunstâncias da morte.

Os laços que prendem a alma ao corpo não se rompem senão aos poucos, e tanto menos rapidamente quanto mais a vida foi material e sensual. (*O Livro dos Espíritos*, nº 155.)

145. *Qual a situação da alma imediatamente depois da morte do corpo? Tem ela instantaneamente a consciência de si? Em uma palavra, que vê? Que experimenta ela?*

No momento da morte, tudo se apresenta confuso; é lhe preciso algum tempo para se reconhecer; ela conserva-se tonta, no estado do homem que sai de profundo sono e que procura compreender a sua situação. A lucidez das idéias e a memória do passado lhe voltam, à medida que se destrói a influência da matéria de que ela acaba de separar-se, e que se dissipa o nevoeiro que lhe obscurece os pensamentos.

O tempo da perturbação, seqüente à morte, é muito variável; pode ser de algumas horas somente, como de muitos dias, meses ou, mesmo, de muitos anos. É menos longa, entretanto, para aqueles que, enquanto vivos, se identificaram com o seu estado futuro, porque esses compreendem imediatamente a sua situação; porém, é tanto mais longa quanto mais materialmente o indivíduo viveu.

A sensação que a alma experimenta nesse momento é também muito variável; a perturbação, seqüente à morte, nada tem de penosa para o homem de bem; é calma e em tudo semelhante à que acompanha um despertar plácido.

Para aquele cuja consciência não é pura e amou mais a vida corporal que a espiritual, esse momento é cheio de ansiedade e de angústias, que vão aumentando à medida que ele se reconhece, porque então sente medo e certo terror diante do que vê e sobretudo do que entrevê. A sensação a que podemos chamar física, é a de grande alívio e de imenso bem-estar, fica-se como que livre de um fardo, e o Espírito sente-se feliz por não mais experimentar as dores corporais que o atormentavam alguns instantes antes; sente-se livre, desembaraçado, como aquele a quem tirassem as cadeias que o prendiam.

Em sua nova situação, a alma vê e ouve ainda outras coisas que escapam à grosseria dos órgãos corporais. Tem, então, sensações e percepções que nos são desconhecidas. (*Revue Spirite*, 1859, pág. 244: "Mort d'un Spirite". — *Idem*, 1860, pág. 332: "Le réveil de l'Esprit". — *Idem, idem*, 1862, págs. 129 e 171: "Obsèques de M. Sanson".)

OBSERVAÇÃO — Estas respostas e todas as relativas à situação da alma depois da morte ou durante a vida, não são o resultado de uma teoria ou de um sistema, mas de estudos diretos feitos sobre milhares de indivíduos, observados em todas as fases e períodos da sua existência espiritual, desde o mais baixo ao mais alto grau da escala, segundo seus hábitos durante a vida terrena, gênero de morte, etc.

Muitas vezes diz-se, falando da vida futura, que não se sabe o que nela se passa, porque ninguém no-lo veio contar; é um erro, pois são precisamente os que nela já se acham, que, a respeito, nos vêm instruir, e Deus o permite hoje, mais que em nenhuma outra época, como último aviso à incredulidade e ao materialismo.

146. *A alma que deixa o corpo, pode ver a Deus?*

As faculdades perceptivas da alma são proporcionais à sua purificação: só as de escol podem gozar da presença de Deus.

147. *Se Deus está em toda parte, por que nem todos os Espíritos podem vê-lo?*

Deus está em toda parte, porque em toda parte Ele irradia, podendo dizer-se que o Universo está mergulhado na divindade, como nós o estamos na luz solar; os Espíritos atrasados, porém, estão envolvidos numa espécie de nevoeiro que O oculta a seus olhos, e que se não dissipa senão à medida que eles se desmaterializam e se purificam. Os Espíritos inferiores são, pela vista, em relação a Deus, o que os encarnados são, em relação aos Espíritos: verdadeiros cegos.

148. *Depois da morte, tem a alma consciência de sua individualidade? Como a constata e como podemos constatá-la?*

Se as almas não tivessem sua individualidade depois da morte, isto, para elas, como para nós, seria o mesmo que não existirem; não teriam caráter algum distintivo; a do criminoso estaria na mesma altura que a do homem de bem, donde resultaria não haver interesse algum em fazermos o bem.

A individualidade da alma é mostrada de modo material, por assim dizer, nas manifestações espíritas, pela linguagem e qualidades próprias de cada qual; uma vez que elas pensam e agem de modo diferente, umas são boas e outras más, umas sábias e outras ignorantes, querendo umas o que outras não querem, o que prova evidentemente não estarem confundidas em um todo homogêneo, isso sem falar das provas patentes que nos dão, de terem animado tal ou tal indivíduo na Terra. Graças ao Espiritismo experimental, a individualidade da alma não é mais uma coisa vaga, porém o resultado da observação.

A própria alma reconhece sua individualidade, porque tem pensamento e volição próprios, que distinguem umas das outras; verificando ainda a sua individualidade por seu invólucro fluídico ou perispírito, espécie de corpo limitado, que faz dela um ser distinto.

OBSERVAÇÃO — Há quem pense poder fugir à pecha de materialista por admitir um princípio inteligente universal, do qual uma parte absorveríamos ao nascermos, formando dela a nossa alma e restituindo-a depois da morte à massa comum, onde com outras se confundiria, tal como gotas d'água no oceano.

Este sistema, espécie de transição, não merece mesmo o nome de Espiritualismo, pois é tão desolador quanto o materialismo.

O reservatório comum do conjunto universal equivaleria ao aniquilamento, porquanto ali não haveria mais individualidades.

149. *O gênero de morte influi no estado da alma?*

O estado da alma varia consideravelmente segundo o gênero de morte, mas, sobretudo, segundo a natureza dos hábitos durante a vida.

Na morte natural, o desprendimento se opera gradualmente e sem abalo, começando mesmo antes que a vida esteja extinta. Na morte violenta, por suplício, suicídio ou acidente, os laços são partidos bruscamente; o Espírito, surpreendido, fica como que tonto com a mudança nele efetuada, e não acha explicação para a sua situação.

Um fenômeno, mais ou menos constante em tal caso, é a persuasão em que ele se conserva de não estar morto, podendo essa ilusão durar muitos meses e mesmo muitos anos. Neste estado, ele se locomove, julga ocupar-se dos seus negócios, como se ainda estivesse no mundo, e mostra-se espantado de não lhe responderem, quando fala.

Essa ilusão também se nota, fora dos casos de morte violenta, em muitos indivíduos, cuja vida foi absorvida pelos gozos e interesses materiais. (*O Livro dos Espíritos*, nº 165. — *Revue Spirite*, 1858, pág. 166: "Le suicidé de la Samaritaine". — *Idem*, 1858, pág. 326: "Un Esprit au convoi de son corps"; *idem*, 1859, pág. 184: "Le Zouave de Magenta"; *idem*, 1859, pág. 319: "Un Esprit qui ne se croit pas mort". — *Idem*, 1863, pág. 97: "François Simon Louvet".)

150. *Para onde vai a alma depois de deixar o corpo?*

Ela não vai perder-se na imensidade do infinito, como geralmente se supõe; erra no espaço e, o mais das vezes, no meio daqueles que conheceu e, sobretudo, que amou, podendo instantaneamente transportar-se a distâncias imensas.

151. *Conserva a alma as afeições que tinha na vida terrena?*

Guarda todas as afeições morais e só esquece as materiais, que já não são de sua essência; por isso vem satisfeita ver os parentes e amigos e sente-se feliz com a lembrança deles. (*Revue Spirite*, 1860, pág. 341: "Les amis ne nous oublient pas dans l'autre monde". — *Idem*, 1862, pág. 132.)

152. *Conserva a alma a lembrança do que fez na Terra? Tem ela ainda interesse pelos trabalhos que não pôde completar?*

Depende da sua elevação e da natureza desses trabalhos. Os Espíritos desmaterializados pouco se preocupam com as coisas materiais, de que se julgam felizes por estar livres. Quanto aos trabalhos que começaram, segundo sua importância e utilidade, inspiram a outros o desejo de terminá-los.

153. *Encontra a alma no mundo dos Espíritos os parentes que ali a precederam?*

Não só os encontra, como também a outros muitos, seus conhecidos de outras existências.

Geralmente, aqueles que mais a amam vêm recebê-la à sua chegada no mundo espiritual, e ajudam-na a desprender-se dos laços terrenos.

Entretanto, a privação de ver as almas mais caras é, algumas vezes, punição para os culpados.

154. *Qual, na outra vida, o estado intelectual e moral da alma da criança morta em tenra idade? Suas faculdades conservam-se na infância, como durante a vida?*

O incompleto desenvolvimento dos órgãos da criança não dava ao Espírito a liberdade de se manifestar completamente; livre desse invólucro, suas faculdades são o que eram antes da sua encarnação. O Espírito, não tendo feito mais que passar alguns instantes na vida, não sofre modificação nas faculdades.

OBSERVAÇÃO — Nas comunicações espíritas, o Espírito de um menino pode, pois, falar como adulto, porque pode ser Espírito adiantado.

Se, algumas vezes, adota a linguagem infantil, é para não tirar à mãe o encanto que sempre está ligado à afeição de um ente frágil, delicado e adornado com as graças da inocência. (*Revue Spirite*, 1858, pág. 17: "Mère! Je suis là".)

Podendo a mesma questão ser formulada acerca do estado intelectual da alma dos imbecis, idiotas e loucos depois da morte, encontra-se a solução no que precede.

155. *Que diferença há, depois da morte, entre a alma do sábio e a do ignorante, entre a do selvagem e a do homem civilizado?*

A mesma, pouco mais ou menos, que existia entre elas durante a vida; porque a entrada no mundo dos Espíritos não dá à alma todos os conhecimentos que lhe faltavam na Terra.

156. *Progridem as almas, intelectualmente, depois da morte?*

Progridem mais ou menos, segundo sua vontade, e algumas se adiantam muito; porém, têm necessidade de pôr em prática, durante a vida corporal, o que adquiriram em ciência e moralidade. As que ficaram estacionárias, recomeçam uma existência análoga à que deixaram; as que progrediram, alcançam uma encarnação de ordem mais elevada.

Sendo o progresso proporcionado à vontade do Espírito, há muitos que, por longo tempo, conservam os gostos e as inclinações que tinham durante a vida, e prosseguem nas mesmas idéias. (*Revue Spirite*, 1858, pág. 82: "La reine d'Oude"; *idem*, pág. 142: "L'Esprit et les héritiers"; *idem*, pág. 186; "Le tambour de la Bérésina"; *idem*, 1859, pág. 344: "Un ancien charretier"; *idem*, 1860, pág. 383: "Progrès des Esprits"; *idem*, 1861, pág. 126: "Progrès d'un Esprit pervers".)

157. *A sorte do homem, na vida futura, está irrevogavelmente fixada depois da morte?*

A fixação irrevogável da sorte do homem, depois da morte, seria a negação absoluta da justiça e da bondade de Deus, porque há muitos que não puderam esclarecer-se suficientemente na existência terrena, sem falar dos idiotas, imbecis, selvagens e de elevado número de crianças que morrem sem ter entrevisto a vida.

Mesmo entre os homens esclarecidos, há muitos que, julgando-se assaz perfeitos, crêem-se dispensados de estudar e trabalhar mais, e não é isto prova que Deus nos dá de sua bondade, o permitir que o homem faça amanhã o que não pode fazer hoje?

Se a sorte é irrevogavelmente fixada, por que morrem os homens em idades diferentes, e por que, em sua justiça, não concede Deus a todos o tempo de produzir a maior soma de bem e reparar o mal que fizeram?

Quem sabe se o criminoso que morre aos trinta anos, não se teria tornado um homem de bem, se vivesse até aos sessenta?

Por que Deus lhe tira assim os meios que concede a outros?

Só o fato da diversidade das durações da vida e do estado moral da grande maioria dos homens, prova a impossibilidade, admitida a justiça divina, de ser a sorte da alma irrevogavelmente fixada depois da morte.

158. *Qual, na vida futura, a sorte das crianças que morrem em tenra idade?*

Esta questão é uma das que melhor provam a justiça e a necessidade da pluralidade das existências. Uma alma que só tiver vivido alguns instantes, sem fazer nem bem nem mal, não pode merecer prêmio nem castigo, pois, segundo a máxima do Cristo — *cada um é punido ou recompensado conforme suas obras* — é tão ilógico como contrário à justiça de Deus admitir-se que, sem trabalho, essa alma seja chamada a gozar da bem-aventurança dos anjos, ou que desta se veja privada; *entretanto, ela deve ter um destino qualquer.* Um estado misto, por toda a eternidade, seria igualmente uma injustiça. Uma existência logo em começo interrompida, não podendo, pois, ter conseqüência alguma para a alma, tem por sorte atual o que mereceu da existência anterior, e futuramente o que vier a merecer em suas existências ulteriores.

159. *Têm as almas ocupações na outra vida? Pensam elas em outra coisa, a não ser em suas alegrias e sofrimentos?*

Se as almas não fizessem mais que tratar de si durante a eternidade, seria egoísmo, e Deus, que condena essa falta na vida corporal, não poderia aprová-la na espiritual. As almas, ou Espíritos, têm ocupações em relação com o seu grau de adiantamento, ao mesmo tempo que procuram instruir-se e melhorar-se. (*O Livro dos Espíritos*, nº 558: "Ocupações e missões dos Espíritos".)

160. *Em que consistem os sofrimentos da alma depois da morte? Irão as almas criminosas ser torturadas em chamas materiais?*

A Igreja reconhece perfeitamente, hoje, que o fogo do inferno é todo moral e não material; porém, não define a natureza dos sofrimentos. As comunicações espíritas colocam os sofrimentos sob os nossos olhos, e, por esse meio, podemos apreciá-los e convencer-nos de que, apesar de não serem o resultado de um fogo material, que efetivamente não poderia queimar almas imateriais, eles, nem por isso, deixam de ser mais terríveis, em certos casos.

Essas penas não são uniformes: variam infinitamente, segundo a natureza e o grau das faltas cometidas, sendo quase sempre essas mesmas faltas o instrumento do seu castigo; é assim que certos assassinos são obrigados a conservarem-se no próprio lugar do crime e a contemplar suas vítimas incessantemente; que o homem de gostos sensuais e materiais conserva esses pendores juntamente com a impossibilidade de satisfazê-los, o que lhe é uma tortura; que certos avarentos julgam sofrer o frio e as privações que suportaram na vida por sua avareza; outros se conservam junto aos tesouros que enterraram, em transes perpétuos, com medo que os roubem; em uma palavra, não há um defeito, uma imperfeição moral, um ato mau, que não tenha, no mundo espiritual, seu reverso e suas conseqüências naturais; e, para isso, não há necessidade de um lugar determinado e circunscrito. Onde quer que se ache o Espírito perverso, o inferno estará com ele.

Além dos sofrimentos espirituais, há as penas e provas materiais que o Espírito, se não está depurado, experimenta numa nova encarnação, na qual é colocado em condições de sofrer o que fez a outrem sofrer; de ser humilhado, se foi orgulhoso; miserável, se avarento; infeliz com seus filhos, se foi mau filho, etc.

Como dissemos, a Terra é um dos lugares de exílio e de expiação, *um purgatório*, para os Espíritos dessa natureza, do qual cada um se pode libertar, melhorando-se suficientemente para merecer habitação em mundo melhor. (*O Livro dos Espíritos*, nº 237: "Percepções, sensações e sofrimentos dos Espíritos"; *idem*, Parte 4ª: "Esperanças e consolações", cap. I, "Penas e gozos futuros"; — *Revue Spirite*, 1858, pág. 79: "L'assassin Lemaire"; *idem*, pág. 166: "Le suicidé de la Samaritaine"; *idem*, pág. 331: "Sensations des Esprits"; *idem*, 1859, pág. 275: "Le père Crépin"; *idem*, 1860, pág. 61: "Estela Regnier"; *idem*, página 247: "Le suicidé de la rue Quincampoix"; *idem*, pág. 316: "Le châtiment"; *idem*, pág. 315: "Entrée d'un coupable dans le monde des Esprits"; *idem*, pág. 384: "Châtiment de l'egoïste"; *idem*, 1861, pág. 53: "Suicide d'un athée"; *idem*, página 270: "La peine du talion".)

161. *A prece será útil às almas sofredoras?*

Todos os bons Espíritos a recomendam e os imperfeitos a pedem como meio de aliviar os seus sofrimentos. A alma, por quem se pede, experimenta um consolo, porque vê na prece um testemunho de interesse, e o infeliz é sempre consolado, quando encontra pessoas que compartilhem de suas dores. De outro lado, pela prece o exortamos ao arrependimento e ao desejo de fazer o necessário para ser feliz; é neste sentido que se pode abreviar-lhe as penas, quando ele, de seu lado, o favorece com a sua boa vontade. (*O Livro dos Espíritos*, nº 664. — *Revue Spirite*, 1859, pág. 315: "Effets de la prière sur les Esprits souffrants".)

162. *Em que consistem os gozos das almas felizes? Passam elas a eternidade em contemplação?*

A justiça quer que a recompensa seja proporcional ao mérito, como a punição à gravidade da falta; há, pois, graus infinitos nos gozos da alma, desde o instante em que ela entra no caminho do bem, até aquele em que atinge a perfeição. A felicidade dos bons Espíritos consiste em conhecer todas as coisas, não sentir ódio, nem ciúme, nem inveja, nem ambição, nem qualquer das paixões que desgraçam os homens. O amor que os une é, para os bons Espíritos, a fonte de suprema felicidade, pois não experimentam as necessidades, nem os sofrimentos, nem as angústias da vida material.

O estado de contemplação perpétua seria uma felicidade estúpida e monótona; seria a ventura do egoísta, uma existência interminavelmente inútil.

A vida espiritual é, ao contrário, de uma atividade incessante pelas missões que os Espíritos recebem do Ser Supremo, de serem seus agentes no governo do Universo — missões essas proporcionadas ao seu adiantamento, e cujo desempenho os torna felizes, porque lhes fornece ocasiões de serem úteis e de fazerem o bem. (*O Livro dos Espíritos*, nº 558: "Ocupações e missões dos Espíritos". — *Revue Spirite*, 1860, págs. 321 e 322, "Les purs Esprits: Le séjour des bienheureux"; *idem*, 1861, pág. 179: "Madame Gourdon".)

OBSERVAÇÃO — Convidamos os adversários do Espiritismo e os que não admitem a reencarnação a darem, dos problemas acima apresentados, uma solução mais lógica, por outro princípio qualquer que não seja o da pluralidade das existências.

Este livro foi impresso
no Departamento Gráfico da
FEDERAÇÃO ESPÍRITA BRASILEIRA
na cidade do Rio de Janeiro
em maio de 2005.

www.febrasil.org.br